KB107137

세상에

속지 않는

법

지은이 박남주

대한민국 대표 법률 유튜브 크리에이터. 그가 운영하는 유튜브 채널 〈법알못 가이드〉
는 현재 약 13만 명의 구독자를 확보하고 있으며 누적 조회 수 1000만 뷰를 돌파했다
(2019년 10월 기준). 무겁고 딱딱한 법률 정보를 다루는 채널로서는 이례적이다. 일상
에서 발생하는 다양한 법적 문제들을 해결할 수 있는 실용적인 법률 정보를 쉽고 정확
하게 전달하여 꾸준한 사랑을 받고 있다.

고려대학교 법학과를 졸업하고 직장 생활을 하던 어느 날, 성추행을 당하고도 제대로
대처하지 못하고 있는 지인의 상황이 안타까워 도와주게 된다. 이를 계기로 기본적인
법률 지식을 알지 못해 부당한 처우를 받는 사람이 많다는 것을 알고 유튜브를 시작하
게 되었다. 특히 그의 유튜브 저작권 정책 콘텐츠는 많은 관심을 받아 유튜버들의 법률
선생님으로 통한다. 현재는 법률사무소 '광덕'의 기획 실장으로 재직하고 있으며 유튜
브 저작권 정책 강사로도 활동하고 있다.

감수 김조영

법률 사무소 '광덕'의 대표 변호사. 고려대학교 법학과를 졸업하고 53회 사법 시험에 합
격했다.

세상에 속지 않는 법

2019년 10월 18일 초판 1쇄 인쇄 | 2019년 10월 25일 초판 1쇄 발행

지은이 박남주 | 펴낸곳 부키(주) | 펴낸이 박윤우
등록일 2012년 9월 27일 | 등록번호 제 312-2012-000045호
주소 03785 서울 서대문구 신촌로3길 15 산성빌딩 6층
전화 02) 325-0846 | 팩스 02) 3141-4066 | 홈페이지 www.bookie.co.kr
이메일 webmaster@bookie.co.kr | 제작대행 올인피앤비 bobys1@nate.com

ISBN 978-89-6051-752-3 03360

책값은 뒤표지에 있습니다.
잘못된 책은 구입하신 서점에서 바꿔 드립니다.

이 도서의 국립중앙도서관 출판예정도서목록(CIP)은 서지정보유통지원시스템 홈페이지
(http://seoji.nl.go.kr)와 국가자료공동목록시스템(http://www.nl.go.kr/kolisnet)에
서 이용하실 수 있습니다.(CIP제어번호: CIP2019040216)

| **b∆oc**는 부키(주)의 출판 브랜드입니다.
Always B-Side You.

세상에
속지 않는

법

박남주 지음 · 김조영 감수

ᄇᄋᄃ

나는 **법 없이도** 살 수 있는 사람일까?

'법은 변호사들이나 알면 되는 것 아니야?'라고 생각하신다면 아래 체크리스트를 작성해 보세요.
하나라도 체크를 하셨다면 당신은 법에 대해 모르고 살아서는 안 됩니다.

☐ 친구가 돈을 갚지 않아서 고민하거나 포기한 적이 있다.

☐ 중고 거래 사이트를 이용하면서 사기면 어쩌나 걱정해 봤다.

☐ 인터넷으로 산 물건을 환불하고 싶었던 적이 있다.

☐ 가족이나 친구가 보이스 피싱 전화를 받아 봤다.

☐ 구매한 상품에 대해 부정적인 리뷰를 한 적이 있다.

☐ 주거 관련 계약을 했거나 해야 한다.

☐ 윗집의 소음 때문에 불편하다.

☐ 블로그나 유튜브를 하고 있거나 해 볼까 생각 중이다.

☐ SNS에서 악플에 시달리거나 이상한 사진을 받은 적이 있다.

☐ 프로모션 기간에 환불 불가 헬스장 회원권을 구매했다.

☐ 아르바이트를 하고 있다.

☐ 본인이나 자녀가 학교 폭력 문제로 힘들어 하고 있다.

☐ 공공장소에서 중요한 물건을 잃어버린 적이 있다.

☐ 직장에서 성추행이나 괴롭힘을 당해 봤다.

☐ 일상 혹은 업무적으로 운전을 한다.

☐ 여행을 계획하고 있거나 여행 상품을 구입했다.

"구독하시고 고소하세요!"

우리가 어렸을 때는 하루 중 대부분의 시간을 가족들의 보호 아래에 있기 때문에 그 품을 벗어나지만 않는다면 외부의 위협으로부터 안전했습니다. 그러므로 "모르는 사람이 사탕을 줘도 따라가면 안 돼!"라는 말만 따르면 법 없이도 살 수 있었죠. 하지만 혼자 힘으로 등하교하는 때가 되면 외부의 위협에 점점 더 많이 노출됩니다. 그러나 횡단보도를 건널 때 파란불에 손을 들고 건너야 한다는 것 정도 외에는 스스로를 지킬 수 있는 방법을 거의 배우지 못합니다. 이런 상황은 어른이 되어서도 별로 달라지지 않습니다. 왜냐하면 필수 교육 과정으로는 법을 활용하여 스스로를 보호하는 방법을 배울 수 없기 때문입니다. 우리는 법의 보호를 받을 준비가 되지 않은 채 세상에 내던져지는 셈이죠.

법에 대한 정보는 일반인에게는 널리 알려져 있지 않고, 사회의 특정 집단에게만 편중되어 있습니다. 그래서 법에 의해 보호를 받는 것도 무척 심한 불균형을 이루고 있습니다. 우리나라에서 법이 소위 '힘 있는 자'들만을 위한 것이라는 인식이 강해진 것도 이와 같은 법 정보의 불균형에서 비롯되었다고 생각합니다. 법은 제일 약한 사람부터 가장 강한 사람에 이르기까지 모두에게 평등하게 적용되어야 합니다. 그러려면 법을 알지 못해 법적 문제를 해결하지 못하는 상황부터 없어져야겠지요. 법은 '권리 위에 잠자는 자'도 보호하지 않지만 "몰라서 당했다!"는 사람도 보호하지 않습니다. 그런데도 우리가 성인이 될 때까지 받는 교육 과정에 법률에 대한 내용이 없다는 사실이 개인적으로 너무나 답답합니다.

유튜브 채널 〈법알못 가이드〉는 이처럼 법을 모를 수밖에 없는 사람들에게 유용한 정보를 전달하고자 2017년에 처음 시작했습니다. 그동안 법 정보를 얻기 위해서는 많은 시간과 비용을 들여야 했습니다. 그러므로 〈법알못 가이드〉는 사회적 필요에 의해 나온 것이라고 생각합니다. 사실 법률 정보를 재밌게 알려 주는 유튜브 채널을 개설하려는 계획은 2016년부터 가지고 있었습니다만 그 시작은 신중했던 준비 과정에 비해 굉장히 갑작스러웠습니다. 이 채널을 급하게 시작한 이유는 성범죄를 당한 지인에게 조금이라도 도움이 되고 싶었기 때문입니다.

그 지인은 성범죄를 당했음에도 불구하고 법적으로 해결하는 절차를 알지 못해 가해자를 처벌하지도 못하고 오히려 본인에게 피해가 올까 봐 두려워만 하고 있었습니다. 그런데 그 지인에게 도움이 될 만한 정보를 전달하는 과정에서 '이걸 좀 더 알기 쉽게 정리하고 고소장 쓰는 법을 영상으로 만들어 알려 준다면 더 많은 사람에게 도움이 되지 않을까?'라는 생각이 들었습니다. 그렇게 첫 영상이 완성되었지요. 그 이후로 지금까지 한 주도 쉬지 않고 수백 개의 법률 정보 영상을 만들었고 13만 명이 넘는 구독자, 1000만 회가 넘는 조회 수를 기록하게 되었죠. 이런 성과를 이룰 수 있었던 것은 제가 잘났기 때문일까요? 전혀 아닙니다. 그만큼 법을 모를 수밖에 없는 사람들의 법을 알고 싶은 욕구가 엄청났기 때문이지요.

그동안 법과 전혀 친하지 않았던 수많은 이가 제 정보의 도움을 받아 스스로 중고 거래 사기, 성범죄, 명예훼손, 모욕, 환불 거부 등 열거할 수 없을 정도로 많은 법적 문제를 해결했습니다. 심지어 어느 학교에서는 민주적인 과정을 거쳐 학칙을 바꾸기도 했습니다. 시청자들이 이런 결과들을 댓글이나 이메일을 통해 알려 줄 때마다 '그래, 이들도 법 정보를 알게 되니까 법의 보호를 받을 수 있는 거구나!'라고 생각했습니다. 그리고 법률 정보를 전달하는 일이 사회적 불균형 해소에 큰 도움이 된다고 더욱 확신하게 되었습니다. 바로 이것이 저로 하여금 이 일을 계속하게 만드는 가장 큰 원동력입니다.

물론 법률 전문가의 도움이 필요한 상황에서는 반드시 전문가의 조력을 받아서 어려운 문제를 풀어야 합니다. 그렇지만 우리가 살면서 겪게 되는 문제들 중 상당수는 '이런 일도 법적으로 해결이 가능한가?' '이런 행위를 하면 법적으로 문제가 생길까?' '이 문제를 해결하기 위한 법적 절차는 어떻게 되지?' 같은 간단한 질문의 답만 알아도 해결됩니다.

하지만 지금이 아무리 많은 정보를 손쉽게 접할 수 있는 시대라고 해도 법적 문제에 대한 해답은 여전히 찾기 힘든 게 사실입니다. 설령 원하는 정보를 찾았다고 해도 그것이 얼마나 신뢰성 있는 답변인지 스스로 판단하기 힘들죠. 그래서 제가 법률 정보를 전달할 때 가장 신경을 쓰는 부분은 '얼마나 쉽게 전달해야 할까' 그리고 '어떻게 신뢰성을 높일 수 있을까'입니다. 일반인의 눈높이에 맞춘 쉬운 콘텐츠를 기획하는 것은 물론이고 실무적으로 검토가 필요하면 제가 몸담고 있는 법률 사무소의 대표인 김조영 변호사의 도움을 얻었습니다. 그렇게 딱딱한 법률 정보를 최대한 흥미롭고 정확하게 전달하고자 노력했습니다.

제 유튜브 채널을 통해 소개되는 법률 정보는 대한민국 국민 모두에게 필요하지만 플랫폼의 한계 때문에 더 널리 알려지기 어렵습니다. 유튜브의 AI가 판단하기에, 제 영상에 관심을 가질 만한 사람들에게만 소개가 되기 때문입니다. 실제로 법에 대해 관심이 있어도 유튜브를 음악 청취용으로만 이용하는 이들에게는 제 영상이 소개될 가능성이 거의 없습니다.

그러므로 유튜브라는 플랫폼의 한계를 극복하고 더 많은 이에게 최대한 쉽고 신뢰성 높은 정보를 전달하기 위해 책을 쓰고 싶었습니다. 그래서 출판사로부터 연락을 받았을 때 그 기회를 붙잡는 데 많은 고민이 필요하지 않았습니다.

단 한 권의 책에 일상의 모든 지식을 담기는 힘듭니다. 이 책에서 다룬 문제들은 그동안 〈법알못 가이드〉 유튜브 채널에 달린 수많은 댓글을 분석하여 선별한 것입니다. 일상에 실질적으로 도움이 되는 정보부터 법률 전문가의 도움 없이도 스스로 문제를 해결할 수 있는 팁까지 다양한 내용을 까다롭게 골라 담았습니다. 독자들이 세상에 속지 않고 당당하게 살아갈 수 있었으면 합니다. 무엇보다 이 책이 여행 가이드북처럼 독자들 삶의 여행에 큰 도움을 주는 가이드가 되기를 진심으로 기원합니다.

마지막으로 바쁜 일정에도 불구하고 이 책의 법적 내용을 검토해 준 김조영 변호사, 김재훈 변호사, 노현중 변호사 그리고 윤상화 변호사에게 깊은 감사의 인사를 남깁니다.

〈법알못 가이드〉 박남주

Part 1
넌 나한테 모욕감을 줬어

1
제가 뭘 잘못했기에
'패드립'을 들어야 할까요?

남주 씨의 취미는 유튜브에서 브이로그VLOG 영상을 시청하는 것입니다. 그런데 좋아하는 유튜버들의 브이로그를 1년여 동안 챙겨 보다 보니 문득 자신의 일상도 동영상으로 찍어서 유튜브에 올리고 싶어졌어요. 남주 씨는 자신의 '핵인싸' 기운이 가득 담긴 영상을 보면 누구라도 행복해지지 않을까 기대했지요. 그래서 아직 서툰 실력이지만 나름 최선을 다해 영상을 찍고 편집한 뒤 첫 영상을 업로드했습니다. 남주 씨의 기분은 마치 소풍을 떠나기 전날처럼 기대와 설렘으로 두근거렸습니다.

다음 날, 인터넷에 접속한 남주 씨는 깜짝 놀라고 말았습니다. 남주 씨는 하루아침에 주제도 모르고 나대는(?) 사람이 되어 있었기 때문입니다. 남주 씨의 영상을 캡처한 사진이 수많은 커뮤니티에 퍼졌고, 몇몇 사람은 남주 씨의 부모님을 대상으로 차마 입에 담지 못할 욕을 하기도 했습니다. 대체 내가 뭘 잘못한 걸까? 다들 나에게 왜 이러는 거지? 남주 씨는 곰곰이 생각했지만 도무지 그 이유를 알 수 없었습니다. 그리고 앞으로 자신이 어떻게 해야 할지도 알 수 없었어요. 그저 분하고 괴롭고 한편으로 두려웠지요. 그 수많은 '악플러'들은 왜 남주 씨를 욕하는 걸까요?

온라인 세상에는 특별한 이유 없이 남을 욕하는 사람이 많습니다. 저도 2년 넘게 유튜버로 활동하면서 뼈저리게 알게 되었습니다. 저는 법률 정보 채널을 운영하고 있음에도 불구하고 여전히 수많은 '악플'을 받고 있습니다. "위선 떤다" "못생겼다" "네가 뭘 안다고 영상을 올리느냐" "함께 출연하는 개 잡아먹고 싶다" 등 상처가 되는 댓글을 읽고 열흘이 넘도록 잠도 제대로 자지 못한 적도 있습니다.

처음에는 저도 '내가 뭘 잘못한 걸까?'라는 생각이 들었습니다. 유튜버를 그만두고도 싶었지요. 하지만 2년 정도 지나고 나니 그들이 왜 아무 이유 없이 다른 사람을 욕하는지 알 것 같았습니다. 그들은 상대가 정말 잘못해서 욕하는 게 아니라 상대를 시기해서, 혹은 상대가 고통받는 모습을 즐기려고 욕을 하는 것이라는 생각이 들었습니다.

사실 이런 악플들은 무시해 버리면 그만이지만 이게 말처럼 쉽지 않습니다. 악플로 인한 정신적 피해가 너무도 엄청나기 때문이지요. 또한 악플로 상대에게 고통을 안기는 것은 형법에 의해 처벌되는 행위이기도 합니다. 그러므로 잘못은 악플을 다는 사람, 악플러들이 저지르는 것입니다.

고소가 없으면 수사도 없다

악플러들에 어떻게 대처해야 할까요? 한번 꾹 참고 그냥 넘어가면 된다고 말하는 사람도 많습니다. 하지만 실제로 악플과 비난에 시달리면 매일매일 괴로운 생각이 들고 무척 힘듭니다. 악플을 다는 행위가 법을 위반한 것이라면 처벌할 수 있을까요?

> **형법 제311조(모욕)**
> 공연히 사람을 모욕한 자는 1년 이하의 징역이나 금고 또는 200만 원 이하의 벌금에 처한다.
>
> **형법 제312조(고소와 피해자의 의사)**
> ① 제308조와 제311조 죄는 고소가 있어야 공소를 제기할 수 있다.

온라인상에서 악플로 상대방을 모욕하면 형법 제311조에 따라 1년 이하의 징역이나 금고 또는 200만 원 이하의 벌금에 처하고 있습니다. 그리고 제312조에 따라서 고소가 있어야 처벌할 수 있습니다. 그러니까 악플러를 처벌하고 싶다면 반드시 고소를 진행해야 합니다. 다른 사람이 대신 신고하는 것으로는 수사가 시작되지 않습니다.

모욕죄의 핵심, 공연성

모욕죄가 성립하려면 먼저 '공연성'이 필요합니다. 공연성이란 불특정 또는 다수인이 인식할 수 있는 상태, 또는 불특정 다수인에게 전파될 가능성이 있는 상태를 말합니다. 즉 많은 사람이 보거나 들을 수 있는 상황에서 모욕이 이루어졌을 때 모욕죄가 인정될 수 있는 거지요(대법원 1984. 4. 10. 선고 83도49). 그렇기 때문에 페이스북 메시지나 인스타그램 DM(다이렉트 메시지)으로 모욕을 받으면 공연성이 인정되기 힘듭니다. 그러나 많은 사람이 볼 수 있는 웹 사이트 게시판에 욕설 댓글을 달면 공연성이 인정될 가능성이 높지요.

모욕하는 대상이 명확해야 한다

그리고 대상이 특정되어야 합니다. 허공에 대고 욕을 하는 것처럼 누군가를 특정하지 않은 악플은 모욕죄가 성립하지 않을 가능성이 높습니다. 그런데 이 부분에서 가장 중요한 점은 과연 인터넷상에서 '아이디'를 욕했을 경우 대상이 특정되었다고 볼 수 있는지 여부입니다. 대부분의 모욕죄 고소는 이 부분을 가리는 데 어려움을 겪습니다.

헌법재판소는 특정인의 실명을 거론하지 않더라도 "그 표현의 내용을 주위 사정과 종합하여 볼 때 그 표시가 특정인을 지목하는 것임을 알아차릴 수 있는 경우"에는 "모욕의 죄책을 면하기 어렵다"고 하고 있습니다(헌법재판소 2008. 6. 26. 2007헌마461 결정).

예를 들어 "법알못 가이드, 얼굴은 XX처럼 생겨서 너 같은 것도 방송을 하냐?"라는 욕설 댓글을 살펴봅시다. '법알못 가이드'는 제가 운영하는 유튜브 채널의 이름이자 제가 사용하는 닉네임입니다. 댓글에서 제 실명이 거론된 것은 아니지만, 저는 영상마다 제 본명을 밝히고 있고 또한 포털 사이트에서 '법알못 가이드'로 검색을 하면 제 인적 사항이 나오지요. 결국 헌법재판소 결정에서 언급된 '그 표시가 특정인을 지목하는 것임을 알아차릴 수 있는 경우'에 해당하므로 모욕의 죄책을 물을 수 있는 것입니다.

그러므로 누군가 여러분을 지목하여 모욕하는 글을 쓰거나 욕설 댓글을 달았을 때 아이디 프로필을 살펴보면 실제 인적 사항을 확인할 수 있는 시스템이거나, 게시판에 인적 사항을 밝힌 적이 있거나, 온라인 커뮤니티 사람들과 오프라인 모임을 가지고 전화번호와 같은 연락처를 공유한 적이 있다면 그 악플러를 모욕죄로 처벌할 수 있습니다.

사안에 따라 결과가 다르다

어떤 악플로 인해 단순히 기분이 나빠졌다고 해서 모욕죄가 성립하지는 않습니다. 그 악플이 타인의 사회적 평가를 저하시킬 만한 것일 때 모욕죄가 성립합니다. 그리고 단순 농담, 불친절, 무례 정도에 불과한 것들은 모욕이라고 할 수 없습니다. 그러므로 모욕이냐 아니냐를 구분하는 기준은 사례마다 다를 수 있습니다. 예를 들면 아래 두 댓글을 살펴볼까요?

§

① 후원자가 빠지니 은퇴 코스를 밟네. 미적거렸다간 욕만 더 먹고 끝났을 테니까.

② 국민 호텔녀, 퇴물

둘 중 어떤 악플이 모욕죄로 처벌되었을까요? 1번은 전 리듬 체조 국가 대표 손연재 씨를 향한 댓글이고, 2번은 가수

겸 배우 수지 씨에게 달린 댓글입니다. 많은 사람이 1번보다 2번이 더 심한 모욕이라고 생각하겠지만 실제로는 1번 댓글만 모욕죄로 처벌받았습니다. 이처럼 모욕죄는 사안마다 다른 결과가 나올 수 있다는 것을 명심해야 합니다.

원포인트
받알못✕
가이드✕

많은 사람이 모욕죄 문제로 경찰서를 찾아 고소를 합니다. 그런데 제게 제보해 주시는 분들의 이야기를 들어 보면 제대로 고소장을 제출하지 못하고 상담만 받고 발걸음을 돌리는 경우가 많습니다. 이렇게 상담만 받는 것은 실제 사건 진행과 관계가 없는 경우가 많습니다. 차라리 집에서 고소장을 작성해 검찰청이나 경찰청에 우편으로 제출하는 편이 낫습니다. 고소장 쓰는 법을 모른다고요? 부록에서 다 알려드리겠습니다!

2

1000개나 달린 악플,
모두 고소하면 큰돈 벌 수 있나요?

취준생 남주 씨의 하루 일과는 주로 인터넷 커뮤니티를 돌아다니는 것입니다. 현실에서는 아무도 자신을 인정해 주지 않는다고 여기지만 온라인상에서는 일명 '일침 네임드'로 불리며 큰 인기를 얻고 있기 때문이지요. 남주 씨의 특기는 다른 사람의 아픈 곳을 찌르는 것이었죠. 하지만 아무리 글을 많이 쓰고 조회 수와 댓글이 많아도 돈벌이가 되지 않았습니다.

그래서 남주 씨는 온라인상의 인기를 이용해 한탕 할 계획을 세웠습니다. 그 계획은 자신이 활동하는 커뮤니티에 사람들이 혐오하고 싫어할 만한 글을 올려서 수많은 '악플'을 받는 것이었습니다. 그러면 남주 씨는 그 악플러들을 모욕죄로 고소한 뒤 그들로부터 합의금을 뜯어낼 생각이었어요. 과연 남주 씨의 추잡한 계획은 성공할 수 있을까요?

모욕죄에 합의가 많이 이뤄지는 이유

모욕죄는 피해자의 고소가 있어야 공소를 제기할 수 있는 친고죄입니다. 그래서 악플을 달았다가 고소를 당하면 합의를 원하는 경우가 굉장히 많습니다. 합의를 통해 고소가 취하되면 검찰에서는 '공소권 없음'으로 불기소 처분합니다. 나아가 법원에서 재판을 받던 중 고소가 취하되는 경우 '공소 기각 판결'을 합니다. 그걸로 사건이 종결되기 때문에 형벌을 받을 일도 없고 전과 기록도 남지 않습니다. 게다가 모욕죄의 벌금은 200만 원 이하이기 때문에 합의금도 낮게 정해지곤 합니다. 그래서 비교적 쉽게 많은 합의가 이루어집니다.

합의로 돈을 벌 수 있을까?

온라인에서는 다수의 사람이 한꺼번에 욕하는 경우가 많습니다. 그래서 여러 명을 모욕죄로 고소할 경우 이들에게 개별적으로 합의금을 받을 수 있지요. 이런 점을 이용해 합의금을 벌 목적으로 사람들이 싫어할 만한 게시물을 올리는 이들이 있습니다. 이 게시물에 여러 사람이 악플을 달면 고소에 필요한 자료를 수집한 뒤 개인 연락처를 알아내 합의를 시도하는 것입니다. 하지만 이런 행위를 하면 합의금을 받지 못할 뿐 아니라 공갈죄로 처벌받을 수 있습니다.

합의 종용은 공갈이 될 수 있다

형법 제350조(공갈)

① 사람을 공갈하여 재물의 교부를 받거나 재산상의 이익을 취득한 자는 10년 이하의 징역 또는 2천만 원 이하의 벌금에 처한다.

② 전항의 방법으로 제삼자로 하여금 재물의 교부를 받게 하거나 재산상의 이익을 취득하게 한 때에도 전항의 형과 같다.

악플러를 궁박한 상태로 몰아 합의금을 뜯어내는 행위는 공갈죄에 해당할 수 있습니다. 여기서 공갈이란, 자신의 이익을 위해 상대를 폭행 또는 협박하여 공포심을 갖게 만드는 것입니다. 합의금을 내지 않으면 처벌받게 만들겠다는 식으로 상대를 불안과 두려움에 빠뜨리면 공갈죄에 해당할 수 있는 것입니다. 실제로 모욕죄 고소를 취하하는 조건으로 합의금을 받았다가 공갈죄로 구속된 사례가 있습니다.

고소와 합의는
돈벌이의 수단이 아니다

모욕죄로 고소하고 나면 절대 합의를 해서는 안 된다는 의미가 아닙니다. 앞에서 소개한 것처럼 공갈죄가 성립한 이유는 애초부터 합의금을 뜯어낼 목적으로 함정을 파 놓고 그것을 실행에 옮기는 일련의 과정 속에서 공갈의 혐의가 인정되었기 때문입니다. 최근에는 이런 행위를 처벌하는 경우가 등장하고 있기 때문에 합의금을 목적으로 악플을 일부러 받아서 악플러를 모욕죄로 고소하는 것은 위험합니다.

국민 보호에 사용되어야 할 수사력을 자신의 돈벌이에 이용한다면 정작 필요한 사건에는 수사 공백이 초래될 가능성이 있습니다. 그리고 그로 인한 결과는 결국 자신에게 돌아올지도 모릅니다. 그러므로 모욕죄 고소로 한몫 챙기려는 마음은 그냥 넣어 두세요. 모욕죄 고소 사건에서는 가해자가 먼저 합의를 요구하지 않는 이상 형사 조정 절차를 이용하는 것이 가장 현명한 방법입니다.

악플러를 고소한 뒤 개인적으로 연락하여 먼저 합의를 요구하는 것은 위험한 행동입니다. 물론 선의를 바탕으로 원만하게 해결하거나 선처하려는 피해자도 있습니다. 하지만 법 시스템을 이용하여 재산상의 이익을 취하려는 사람들이 늘고 있기 때문에 가급적 불필요한 오해는 피해야 합니다. 국민을 지키기 위해 고군분투하는 경찰의 노력이 누군가의 합의금 장사를 돕는 결과로 이어져서는 안 되니까요.

3
내 게시물 함부로 퍼 간 사람,
처벌할 수 있을까요?

수의학과에 재학 중인 남주 씨는 학교 과제로 동물 실험을 했습니다. 그리고 이 과제를 위해 노력했던 시간을 팀원들과 기념하기 위해 실험 과정을 촬영하여 동영상으로 남겼지요. 그리고 유튜브에 업로드하여 팀원들과 공유하였습니다. 그런데 얼마 후 페이스북을 보니 모르는 사람이 이 영상을 무단으로 가져다가 게시하고는 혐오스럽다며 남주 씨를 비난하고 파렴치한으로 몰고 있었습니다. 화가 치민 남주 씨는 페이스북 플랫폼 내에서 저작권 침해를 당했다고 고객센터에 신고했습니다. 하지만 페이스북 측은 남주 씨가 해당 영상의 저작권자가 맞는지 확인할 수 없다며 신고를 처리할 수 없다고 답변했습니다.

남주 씨는 직접 해당 페이지 관리자에게 영상을 당장 내리고 사과하라고 요구했습니다. 그랬더니 그 사람이 사과는커녕 이 영상은 저작권 등록을 하지 않았으니 자신은 저작권법을 위반한 게 아니라고 주장했습니다. 그의 대답을 들은 남주 씨는 그 주장이 옳은지 그른지 판단할 수 없었습니다. 자신의 무지함을 탓하며 페이스북 페이지를 하염없이 바라볼 뿐이었습니다. 남주 씨는 이대로 물러서야 할까요?

불펌의 원흉은 무지다

네이버와 다음 같은 포털 사이트, 페이스북, 인스타그램, 유튜브 등을 통해 유명해지면 큰돈을 벌 수 있다는 이야기가 널리 퍼져 있습니다. 그래서 많은 이들이 이런 서비스를 통해 수익을 창출하고자 노력하고 있지요. 이를 위해서는 대중의 관심을 끌 만한 매력적인 콘텐츠를 끊임없이 업로드하는 것이 중요합니다. 하지만 이런 콘텐츠를 꾸준히 제작할 수 있는 역량을 가진 사람은 많지 않습니다. 콘텐츠 제작이 순조롭지 못하면 대개는 업로드하는 횟수를 줄이거나, 혼자 힘으로 역부족임을 느끼고 팀을 꾸립니다. 하지만 남의 콘텐츠를 허락도 없이 무단으로 사용하는 불법을 저지르는 이들도 있습니다. 바로 '불펌러'입니다.

> **저작권법 제136조(벌칙)**
> ① 다음 각 호의 어느 하나에 해당하는 자는 5년 이하의 징역 또는 5천만 원 이하의 벌금에 처하거나 이를 병과할 수 있다.
>
> 1. 저작재산권, 그 밖에 이 법에 따라 보호되는 재산적 권리(제93조에 따른 권리는 제외한다)를 복제, 공연, 공중송신, 전시, 배포, 대여, 2차적 저작물 작성의 방법으로 침해한 자.

위 규정에 따르면 함부로 타인의 저작물을 불펌하여 각종 커뮤니티에 게재할 경우 형사 처벌도 받을 수 있습니다. 그런데 우리나라 사람들은 여전히 저작권 의식이 낮은 편입니다. 다른 사람의 저작물을 사용하는 것이 저작권 침해 행위에 해당할 수 있다는 사실을 모르거나, '남들도 하니까 나도 괜찮겠지?'라고 생각하는 사람이 많습니다.

저작자들 또한 자신의 권리가 침해받는 상황에서 어떻게 대응해야 할지 모르는 경우가 많습니다. 이렇게 저작권 의식과 관련 지식이 부족하다 보니 앞에서 소개한 남주 씨의 사례처럼, 저작권 침해자가 도리어 아무런 문제가 없다는 황당한 주장을 할 수 있는 것입니다. 물론 저작권 등록을 하면 더 쉽게 저작권법상의 보호를 받을 수 있습니다. 하지만 저작권 등록이 없어도 저작물의 요건을 갖추기만 하면 저작권법의 보호를 받을 수 있습니다.

불펌러들을 '참교육' 하는 방법

남주 씨 사례는 실제로 있었던 일을 각색한 겁니다. 그리고 그 이야기의 결말은 이렇습니다. 남주 씨는 아무리 생각해도 상대방의 주장을 납득할 수 없었습니다. 그래서 한국저작권위원회에 문의했습니다. 자신의 영상을 저작권 등록 하지 않았으니 불펌러를 처벌할 수 없는 것이 맞느냐고 말이죠. 이에 한국저작권위원회는 남주 씨의 영상이 저작물의 성립 요건을 갖추었기 때문에 등록하지 않아도 법적 보호를 받을 수 있다고 답변해 주었습니다. 남주 씨는 이 답변을 가지고 경찰서로 향했고, 결국 그 게시물을 내리는 조건으로 불펌러와 합의를 했습니다.

남주 씨의 사례는 많은 것을 알려 줍니다. 누군가 여러분의 소중한 저작물을 불펌하여 사용했다면 여러분도 경찰서에 신고하여 '참교육'을 할 수 있습니다. 남주 씨는 불펌러와 논쟁을 벌이고 한국저작권위원회를 거치는 등 험난한 과정을 거쳤지만 이 책을 읽은 여러분은 그럴 필요가 없습니다. 만약 저작권 등록이 되지 않은 콘텐츠를 사용하는 건 전혀 문제가 없으니 나에게는 잘못이 없다고 주장하는 사람이 있다면 "저작물의 성립 요건을 갖춘 제 저작물은 저작권 등록이 없어도 저작권법의 보호를 받을 수 있습니다!"라고 알려 주세요. 어쩌면 여러분이 경찰서까지 가지 않아도 불펌러가 스스로 잘못을 인정하고 문제가 된 게시물을 삭제하며 사과할 수도 있습니다.

유튜브에서 저작권 침해를 당하면?

앞에서 소개한 남주 씨의 사례는 페이스북에서 일어난 일입니다. 제 경험상 유튜브 영상을 무단으로 페이스북 페이지에 사용하면 저작권 침해 관련 처리가 잘 되지 않는 경우가 많았습니다. 아무래도 유튜브와 페이스북은 서로 다른 플랫폼이기 때문에 해결 방법에도 차이가 있는 것 같습니다. 그래서 경찰서까지 찾게 되었고요.

　하지만 유튜브 플랫폼 내에서 발생한 저작권 침해는 비교적 쉽고 신속하게 처리할 수 있습니다. 만약 여러분이 올린 유튜브 영상을 다른 채널에서 무단으로 전체 또는 일부를 복제한 후 사용했다면 해당 영상을 찾아가 저작권 침해 신고 버튼을 누르고 저작권 침해 신고서를 제출하면 됩니다. 그러면 간단하게 불펌 유튜브 채널에 경고를 주고 해당 영상을 삭제시킬 수 있습니다. 이때 저작권 침해 신고 버튼은 PC 버전에서만 찾을 수 있다는 사실을 명심하세요.

저작권 침해 사건도 모욕죄 사건과 마찬가지로 경찰서를 찾아가도 상담만 받고 발길을 돌리는 경우가 많습니다. 그 보다는 검찰청이나 경찰청에 정식으로 고소장을 접수하는 편이 좋습니다.

4

SNS로 음란한 사진을 보내는
변태를 어떻게 해야 할까요?

남주 씨에게 새로운 취미가 생겼는데요, 바로 인스타그램입니다. 자기가 방문했던 멋진 카페와 예쁜 음식점, 강아지와 산책하는 길 등 일상의 여러 풍경을 사진으로 찍어 올리니 팔로워 수가 금방 늘어났거든요. 이 팔로워들과 소통하는 재미에 푹 빠졌답니다.

그런데 언젠가부터 자신의 나체나 특정 신체 부위를 찍어 보내는 사람이 생기더니 점점 그 수가 늘어났습니다. 처음에는 거부 의사를 분명히 밝히는 메시지를 보내고 계정을 차단하는 선에서 마무리를 지었어요. 그런데 그들은 아이디를 바꾸고서는 계속해서 음란한 사진을 보냈습니다. 남주 씨는 더는 참을 수가 없었습니다. 그래서 "이런 사진은 더 이상 보고 싶지 않으니 그만 보내라"라는 게시물을 남겼습니다. 그런데 이 게시물 때문에 오히려 더 많은 음란 사진을 받게 되었어요. 이제 남주 씨는 어떻게 해야 할까요? 인스타그램을 탈퇴하는 것만이 답일까요?

정보화 시대의 바바리 맨

쌍방이 동의했다면 서로 무엇을 보여 준들 어떤 문제가 있겠습니까? 하지만 원치 않는 상대에게 성적 수치심이나 혐오감을 불러일으키는 모습을 보여 주는 행위는 가볍게 생각할 문제가 아닙니다. 저는 이런 행위를 하는 사람들을 '정보화 시대의 바바리 맨'이라고 생각합니다. 원치 않는 이에게 자신의 신체 부위를 보여 주고 상대의 반응을 보면서 희열을 느끼는 행위가 과거에는 여학교 앞에서 이루어졌지요. 하지만 이제는 SNS를 통해 이뤄지고 있습니다. 더 은밀하고 비밀스럽게 말이지요.

이런 행위는 성폭력범죄의 처벌 등에 관한 특례법(약칭 성폭력처벌법) 제13조 '통신매체를 이용한 음란행위'에 해당하므로 행위 당사자는 처벌받습니다. 또한 서로가 동의하에 찍은 음란한 사진이나 영상이라 할지라도 상대가 원하지 않으면 보내서는 안 됩니다. 아무리 연인 사이라도 상대방을 배려하지 않은 채 음란한 메시지를 보내면 죄가 성립할 수 있고 이에 따라 처벌을 받습니다.

그럼 친구들과 만든 단체 '카톡방'에 음란한 사진이 올라왔다면 어떨까요? 이런 경우도 해당이 될까요?

> **성폭력범죄의 처벌 등에 관한 특례법 제13조**
> **(통신매체를 이용한 음란행위)**
>
> 자기 또는 다른 사람의 성적 욕망을 유발하거나 만족시킬 목적으로 전화, 우편, 컴퓨터, 그 밖의 통신매체를 통하여 성적 수치심이나 혐오감을 일으키는 말, 음향, 글, 그림, 영상 또는 물건을 상대방에게 도달하게 한 사람은 2년 이하의 징역 또는 500만 원 이하의 벌금에 처한다.

음란한 글이나 사진, 영상 메시지를 보내는 행위가 무조건 '통신매체를 이용한 음란행위'에 해당하지는 않습니다. 이 죄가 성립하려면 본인이나 타인의 성적 욕망을 불러일으키거나 충족시킬 목적성이 있어야 합니다. 혹은 성적 수치심이나 혐오감이 느껴질 만한 것을 상대에게 보내야 하지요. 이러한 사항에 해당하는지는 서로가 어떤 관계인지, 왜 그런 행위를 했고 어떻게 했는지, 당사자의 성격은 어떠한지 등 여러 상황을 종합하여 판단해야 합니다.

'성적 욕망 유발과 만족'의 의미

그럼 '성적 욕망을 유발하거나 만족시킨다'는 게 무슨 뜻일까요? 우리 법원은 무엇이 '성적 욕망을 유발하거나 만족시키는지' 판단하기 위해 피고인과 피해자의 관계, 행위의 동기와 경위, 행위의 수단과 방법, 행위의 내용과 태양(형태), 상대방의 성격과 범위 등 여러 사정을 종합한 뒤 사회 통념에 비추어 살피고 있습니다(대법원 2017. 6. 8. 선고 2016도21389 판결).

하지만 개인의 입장에서는 내가 받은 메시지가 '성적 욕망을 유발하거나 만족시키는 것'인지 아닌지 판단하기 애매한 경우가 많습니다. 특히 상대가 내게 욕설을 퍼붓는 와중에 성적인 요소가 섞인 것인지, 음란한 메시지를 보내는 와중에 욕설이 섞인 것인지 구분하기 어려운 경우도 있지요. 이런 메시지가 '통신매체를 이용한 음란행위'에 해당하는지, 그래서 상대에게 죄를 물을 수 있는지 고민이 됩니다.

대법원은 신체를 비하하는 내용의 문자 메시지를 보내는 행위 또한 자신의 심리적 만족을 위한 욕망의 일종으로 판단하는 등 성적 욕망의 범위를 넓게 보고 있습니다. 그러므로 욕설이 목적인 것처럼 보이는 메시지라 할지라도 성적인 요소가 섞였다면 죄가 성립할 수 있습니다.

무엇이 성적 수치심과 혐오감을 일으키는가

'성적 수치심이나 혐오감을 일으키는 것'은 어떻게 판단할까요? 성적 수치심과 혐오감을 느끼는 대상이나 정도는 사람마다 다르고 연령에 따라서도 차이가 큽니다. 그래서 우리 법원은 이를 판단할 때 '피해자와 같은 성별과 연령대의 일반적이고 평균적인 사람들'을 기준으로 삼습니다(대법원 2017. 6. 8. 선고 2016도21389 판결). 그런데 이러한 표현은 사실 어렵게 생각할 필요가 없습니다. 어차피 판단은 법원에서 하는 것이니까요. 우리는 그저 상식적으로 생각하면 됩니다. 일반적인 사람이 성적 수치심이나 혐오감을 느끼겠다 싶으면 법적으로 처리할 수 있다고요.

게임상 채팅도 예외는 아니다

앞에서 소개한 성폭력처벌법은 범행 수단으로 전화, 우편, 컴퓨터, 그 외의 통신 매체를 넓게 규정하고 있습니다. 그러므로 '카카오톡'과 같은 메신저뿐 아니라 SNS 메시지, 게임

채팅 등을 이용한 행위도 처벌할 수 있습니다. 아직도 수많은 사람이 게임을 하는 도중에 문제가 될 만한 텍스트와 음성을 보내는데, 따지고 보면 이런 것도 고소하여 처벌할 수 있습니다.

음란 영상 링크도 당연히!

음란 영상이 나오는 링크를 보내는 행위도 처벌할 수 있습니다. 최근 대법원에서는 링크를 이용해 나체 사진을 보내면 '통신매체를 이용한 음란행위'에 해당한다고 결론을 내린 바 있습니다. 앞에서 인용했던 대법원 2017. 6. 8. 선고 2016도21389 판결에 그 내용이 담겨 있습니다.

이 사건의 1심에서는 피고인의 혐의를 인정하여 벌금 200만원을 선고했었는데 2심에서 그 판결이 뒤집혔습니다. 사진이 저장된 드롭박스 애플리케이션에 접속할 수 있도록 인터넷 주소를 링크하는 행위에 성적 수치심을 느끼게 할 의도가 있다고 보기 힘들다면서 무죄를 선고한 것입니다.

하지만 대법원에서는 모든 사정을 종합하여 볼 때 이 사건에서는 "상대방에게 성적 수치심을 일으키는 그림 등이 담겨 있는 웹 페이지 등에 대한 인터넷 링크를 보내는 행위를 통해 그와 같은 그림 등이 상대방에 의하여 인식될 수 있는 상태에 놓였으므로 실질적으로 이를 직접 전달하는 것과 다를 바 없다"고 판단했습니다. 링크를 통해서만 음란 사진을 볼 수 있는 간접적인 전송 방법을 이용한 것이지만 '통신매체를 이용한 음란행위'에 대한 구성 요건을 충족한다고 본 것이지요.

그렇기 때문에 어떤 링크를 복사 붙이기 방법을 이용하여 상대방에게 보낼 때는 현재 클립보드에 저장되어 있는 그 링크가 무엇인지 다시 한 번 확인해서 오해를 살 일이 없도록 해야 합니다. 저는 대부분 혼자 일하지만 여러 명과 한꺼번에 메신저를 통해서 인터뷰를 진행하다 보면 링크를 이리저리 복사해서 전송하는 경우가 있는데 잘못 전송되는 경우도 더러 있더라고요. 잘못 전송된 링크가 만약 음란한 사진이 저장되어 있는 웹 페이지 링크였다면? 어휴…… 상상만 해도 끔찍하네요.

앞에서 소개한 사례는 가상의 사례들이며 저는 인스타그램을 하지 않습니다. 하지만 〈법알못 가이드〉 시청자들과 소통하기 위해 카카오톡을 연결했을 때 실제로 문제가 될 만한 사진을 받은 적이 있습니다. 문제의 사진을 보낸 사람을 잘 타일러서 원만하고 조용하게 마무리를 지었지만, 법률 콘텐츠를 만드는 남성 유튜버에게도 이런 일이 일어날 수 있다는 사실에 적지 않은 충격을 받았습니다. 이런 불미스런 상황은 누구라도 겪을 수 있습니다. 성별에 상관없이 이런 일을 당했다면 수치스러워할 필요가 없습니다. 숨지 말고 오히려 당당하게 법의 보호를 받으면 됩니다.

Part 2
이상한 나라의 유튜브

1
저작권 문제 때문에
내 채널이 하루아침에
사라졌어요!

강아지 랜슬롯은 항상 배가 고팠습니다. 동네 다른 개들은 맛있는 간식을 많이 먹는데 랜슬롯은 그러지 못했지요. 그래서 그 이유를 고민했고 나름의 답을 내렸습니다. 랜슬롯은 자신의 주인인 남주 씨가 유튜브 채널 〈법알못 가이드〉를 잘못 운영하고 있다고 생각했습니다. 재미 없는 주제의 콘텐츠만 업로드하니까 사람들의 관심을 못 받는 거라고 여겼지요.

그래서 랜슬롯은 남주 씨가 깊이 잠든 밤중에 슬며시 눈을 떴습니다. 그리고 〈법알못 가이드〉 채널에 요즘 최고 인기 드라마 10편을 통째로 올렸어요. 많은 사람이 드라마를 보기 위해 남주 씨의 채널을 찾으면 돈도 많이 벌고, 맛있는 간식도 잔뜩 사 주지 않겠어요? 랜슬롯은 행복한 상상 속에 잠이 들었습니다. 하지만 다음 날 아침, 랜슬롯은 남주 씨가 지르는 비명 소리에 잠에서 깨고 말았습니다. "내 채널이 곧 없어진다고?"

유튜브는 왜 저작권에 민감할까?

유튜브는 저작권에 무척 민감합니다. 그런데 이건 당연한 얘기예요. 예를 들어 누군가 영화 〈해리 포터〉 전편을 자기 채널에 업로드하여 사람들이 공짜로 시청할 수 있게 했는데 유튜브가 이를 제재하지 않는다면 어떻게 될까요? 〈해리 포터〉의 제작사와 배급사 입장에서는 유튜브에 더 이상 광고 비용을 내고 싶지 않을 겁니다. 유튜브는 저작권을 소유한 광고주들의 마음을 언짢게 하지 않고, 유튜버들이 자신의 오리지널 콘텐츠를 안전하게 업로드할 수 있는 환경을 조성하기 위해 저작권 침해에 대해 가차 없는 제재를 가합니다. 그 결과 채널이 하루아침에 사라질 수도 있지요!

제재의 기준은 저작권 소유자가 정한다

"인터넷상에 돌아다니는 사진을 딱 1초만 사용했는데 저작권 경고를 받았어요. 이건 해도 너무한 거 아닌가요? 다른 채널들에서는 애니메이션 한 편을 통째로 올리기도 하던데……. 유튜브 운영자들이 제게 악감정이 있는 걸까요? 왜

제게만 이렇게 박하게 구는 거죠?"

　유튜브는 다양한 방법으로 저작권 관련 제재를 하고 있습니다. 각각의 유튜버들이 느끼는 강도의 차이도 분명 존재하고요. 그럼 어떤 경우에 강력한 제재를 받게 될까요? 다른 사람의 저작물을 10초 내외로 사용하면 약한 제재를 받고 그보다 길면 더 강한 제재를 받는 것일까요? 아닙니다. 유튜브의 제재는 그런 식으로 이뤄지지 않습니다. 유튜브가 직접 침해의 정도를 판단하지 않거든요. 1초를 사용했든 1시간을 사용했든 저작권을 소유한 자의 결정에 의해서 제재가 이뤄집니다.

　유튜브는 저작권 소유 분쟁을 중재하지 않는다고 명시해 놓고 있습니다. "저작권 소유자(또는 저작자)와 문제가 발생하면 당사자끼리 해결하세요! 우리는 저작권 소유자와 유튜버 사이의 소통을 도울 뿐입니다"라는 것이죠. 그러므로 모든 영상이 일률적인 기준에 따라 판단되지는 않습니다. 제재도 저작권 소유자의 마음대로 가해집니다. 저작권 소유자가 1초도 사용하지 못하게 한다면 사용 시간과는 상관없이 곧바로 강력한 제재가 가해질 수 있는 것입니다.

　저작권 소유자가 자신의 저작물이 사용된 영상에 대하여 취할 수 있는 조치는 다음과 같습니다.

1 광고 게재 조건부 사용 허용

저작권 소유자가 저작물의 사용을 허용하는 대신 그 동영상에 광고를 게재하여 광고 수익을 가져갑니다. 또한 저작권 보호를 받는 음악을 사용한 경우 저작권 소유자와 광고 수익을 공유할 수 있습니다.

2 저작권 소유자에 의한 추적

해당 동영상에 광고를 달 수 없게 만들어 그 영상으로 광고 수익을 창출할 수 없게 만듭니다.

3 동영상 차단

동영상을 차단하여 전 세계 또는 일부 국가의 시청자가 동영상을 보지 못하게 합니다.

4 특정 플랫폼 차단

콘텐츠가 표시되는 기기, 앱, 또는 웹 사이트를 제한합니다.

5 동영상 음소거

동영상에 저작권 보호를 받는 음악이 포함된 경우 음소거를 하여 영상 재생은 되지만 사운드트랙을 듣지 못하도록 합니다.

6 동영상 삭제

저작권 소유자가 해당 저작물이 사용된 영상을 삭제합니다. 이 경우 삭제된 영상이 업로드된 채널에 저작권 경고가 부여됩니다.

저작권 경고 삼진이면 아웃!

"저작권 경고를 세 번 받으면 채널이 삭제된다고 해서 한 번 받으면 그때부터 신경 쓰고 조심하려고 했죠. 그런데 오늘 저작권 경고를 한꺼번에 세 번 받았어요. 그래서 일주일 뒤에 채널이 삭제된대요! 어떻게 이런 일이 생길 수가 있죠? 너무 억울해요!"

영상 1개에 저작권 경고를 받으면 해당 채널에도 저작권 경고가 1회 누적됩니다. 그리고 이 경고가 쌓여 저작권 경고 3회가 되면 해당 채널과 거기에 업로드된 모든 영상이 삭제됩니다. 만약 A라는 애니메이션 시리즈의 1화 분량을 세 번에 나눠 업로드했는데 A의 1화를 사용한 모든 영상에 저작권 경고가 부여되면 그동안 저작권 경고를 받은 적이 없다고 해도 단번에 채널이 삭제될 수 있습니다.

이런 조치의 대상은 몇 년 전에 올린 영상이라도 예외가 아닙니다. 예전에는 저작권 경고 대상이 아니었다 하더라도 저작권 소유자의 마음이 바뀌어서 지금 당장 저작권 경고를 주기로 결정하면 이를 사용한 채널은 갑작스레 많은 경고를 받을 수 있지요. 이렇게 저작권 경고를 받으면 채널의 수익 창출 자격이 박탈될 수 있습니다. 또한 업로드된 영상이 아닌 실시간 스트리밍 또는 보관 처리된 실시간 스트리밍이 문제가 된 경우에는 실시간 스트리밍 사용이 90일 동안 제한될 수 있습니다.

그리고 유튜브에서는 명확하게 밝히고 있지 않지만, 여러 유튜버의 데이터를 종합해 보면 저작권 경고를 받은 채널의 전체 영상 노출 빈도가 줄어서 전체 조회 수가 떨어지는 상황도 발생할 수 있습니다. '조회 수에 의한, 조회 수를 위한' 삶을 사는 유튜버에게는 그야말로 끔찍한 페널티인 것이죠.

이렇게 저작권 경고가 3회 누적되면 일주일 뒤 해당 계정 및 계정과 연결된 모든 채널이 사라지고, 그동안 업로드한 모든 영상이 삭제되며, 새 채널을 만들 수도 없게 됩니다.

저작권 경고를 철회받고 싶다면?

하지만 저작권 경고를 없애는 방법도 있습니다. 일단 유튜브가 서비스하는 '저작권 학교'라는 온라인 교육 과정을 수료하면 90일 후에 저작권 경고가 소멸됩니다. 저작권 학교 수료 후 90일 동안 새로운 경고를 받지 않는다면 깨끗한 채널로 돌아갈 수 있는 것이지요.

또한 저작권 소유자에게 연락을 취해 저작권 경고를 철회해 달라고 요청할 수도 있습니다. 저작권 소유자는 유튜브의 기능을 이용해 언제든 저작권 경고를 철회할 수 있기 때문이지요. 저작권 경고 철회에 관한 사례를 소개합니다.

사진작가 A 씨와 B 씨는 여러 차례 공동 작업을 했을 정도로 친한 사이입니다. 그리고 둘은 비슷한 시기에 유튜브 채널을 만들었지요. B 씨의 유튜브 채널에는 A 씨의 사진이 많이 인용되었지만 둘은 이를 대수롭지 않게 생각했습니다. 두 채널의 구독자 수는 초창기에는 비슷했지만 어떤 계기로 인해 B 씨 채널의 구독자 수가 급격하게 늘었습니다. 그런데 A 씨가 이를 부러워하고 시기한 나머지 둘의 사이가 서먹해지고 말았습니다.

그러다가 A 씨와 B 씨는 사소한 일로 다투게 되었어요. 화가 난 A 씨는 자신의 사진 작품이 인용된 B 씨의 영상을 저작권 침해로 신고하였고 경고를 받은 영상은 삭제되었지요. 결국 둘은 크게 싸우고 말았습니다. 하지만 좀 더 너그러웠던 B 씨가 A 씨에게 먼저 사과했고, A 씨 또한 자신이 속이 좁았다며 금세 화를 풀었습니다. 그리고 B 씨의 채널에 부여했던 저작권 경고를 철회하였지요.

이처럼 유튜브에서는 저작권 소유자가 마음대로 자신의 저작물을 이용한 채널에 저작권 경고를 부여하기도 하고 철회할 수도 있습니다. 그러므로 앞에서 소개한 사례처럼 감정싸움으로 인해 저작권 경고를 받은 것 같다면 엉킨 악감정을 푸는 방법부터 찾아보는 걸 추천합니다.

제재받은 것이 억울한 경우에는?

저작권 소유자에게 직접 연락하여 철회를 요청하는 방법 외에 유튜브의 이의 제기 기능을 이용하여 억울함을 호소할 수 있습니다. 하지만 그 기능을 이용해도 이의 제기를 받아 줄지 말지를 결정하는 것은 결국 저작권 소유자의 몫입니다. 유튜브는 어디까지나 중간에서 의사소통을 위한 다리 역할을 할 뿐이지요. 만약 이의 제기를 저작권 소유자가 받아들이지 않는다면 한 번 더 항소할 수 있습니다. 하지만 저작권 문제에 관해서는 이의 제기를 신중하게 결정해야 합니다. 이의가 받아들여지지 않을 경우 반대로 더 큰 페널티를 받을 수 있기 때문이지요.

이의 제기의 내용은 주로 자신의 영상이 공정 이용이나

공개 도메인(공용)에 해당하는 저작물을 이용했음을 주장하는 것입니다. 그런데 이런 주장을 받아들일지 말지 결정하는 주체가 저작권 침해 문제를 제기한 저작권 소유자이기 때문에 현실적으로 받아들여지기가 쉽지 않습니다. 더 나아가 자신의 저작물 이용이 공정 이용에 해당하는지 법원의 판단을 받아 볼 수도 있지만 이 경우에도 저작권 소유자에게 매우 유리할 수밖에 없다는 점은 반드시 알아야 할 것입니다.

원포인트
법알못×
가이드×

우리나라의 유튜브 초창기에는 유튜브의 저작권 정책을 피해 타인의 저작물을 이용하고 이를 통해 돈을 번 사람이 많았습니다. 그렇지만 유튜브 저작권 정책이 점차 강력해지면서 그런 채널은 모두 사라지고 말았죠. 저작권은 피하는 것이 아니라 지켜야 하는 것임을 명심하고 순간의 유혹에 넘어가지 않도록 주의하기 바랍니다.

2
유튜브 저작권에 관한 3가지 오해

초보 유튜버 남주 씨는 이렇게 생각했습니다.

유튜브 조회 수를 올리는 게 뭐가 어려워? 사람들이 좋아하는 애니메이션의 명장면만 편집해서 업로드하면 사람들이 엄청 많이 볼 텐데. 저작권 문제? 그런 건 내게 해당하지 않아. 왜냐하면 나는 유튜브로 돈을 벌지 않고 있거든. 게다가 업로드할 때마다 꼬박꼬박 출처 표기를 잊지 않는다고! 그뿐만이 아니야. 나는 명장면들을 굉장히 짧게 잘라서 이어 붙이기 때문에 무단으로 사용해도 허용이 되는 수준이란 말이지. 하하하! 인기 유튜버 되는 거 정말 쉽구먼.

유튜버들이 가장 많이 하는 질문들

너무도 많은 사람들이 앞에서 소개한 남주 씨와 비슷한 생각을 가지고 있습니다. 저는 〈법알못 가이드〉 채널에 주기적으로 유튜브 저작권 정책에 관한 강의를 올리고 있습니다. 그런데 강의 때마다 남주 씨와 같이 오해하는 사람을 보게 됩니다. 이와 비슷한 질문도 굉장히 많이 받지요.

출처만 남기면 문제가 없다?

도대체 이런 잘못된 정보를 누가 언제 어떻게 퍼뜨렸는지 모르겠습니다. 유튜브에는 타인의 저작물을 허락 없이 업로드하고는 설명란에 출처를 표기한 후 '문제시 삭제함'이라는 문구를 달아 놓은 영상이 너무도 많습니다. 심지어 그 출처 또한 타인의 저작물을 무단으로 업로드한 주소인 영상도 있습니다. 출처를 표기하는 것은 타인의 저작물을 이용할 때 지켜야 할 기본 사항일 뿐이지 타인의 저작물을 마음껏 이용할 수 있는 마법의 주문이 아닙니다.

> **저작권법 제37조(출처의 명시)**
> ① 이 관에 따라 저작물을 이용하는 자는 그 출처를 명시하여야 한다. 다만,
>   제26조, 제29조부터 제32조까지, 제34조 및 제35조의2의 경우에는 그
>   러하지 아니하다.
> ② 출처의 명시는 저작물의 이용 상황에 따라 합리적이라고 인정되는 방법
>   으로 하여야 하며, 저작자의 실명 또는 이명이 표시된 저작물인 경우에
>   는 그 실명 또는 이명을 명시하여야 한다.

비영리적으로 사용하면
저작권 침해가 아니다?

이것도 많은 사람이 사실로 믿고 있는 잘못된 정보 중 하나입니다. 사용 목적이 비영리적이든 영리적이든 저작권 침해 문제는 발생할 수 있습니다. 다만 저작물 이용의 목적이 비영리적일 경우 저작권법 제35조의3에 의해 공정한 이용에 해당할 가능성이 높아질 뿐입니다.

　정말 많은 사람이 '수익 창출 옵션'을 끄고 영상을 업로드하면 비영리적 목적이기 때문에 저작권 침해가 아니라고 믿고 있습니다. 여기서 한 가지 예를 들어 보겠습니다. 한 유튜버가 이제 막 개봉한 영화를 카메라로 몰래 찍은 후 그

영상을 수익 창출을 하지 않는 조건으로 자신의 채널에 업로드했다고 합시다. 그 유튜버는 그 행위로 인해 돈을 벌지 않겠지만 영화사나 배급사는 막대한 손해를 입게 될 겁니다. 그럼에도 불구하고 그 유튜버는 "나는 비영리적으로 영상을 올린 것이니 저작권 침해를 한 게 아니다"라고 주장할 수 있을까요? 아무리 비영리적인 목적이라고 해도 타인의 저작물을 전체든 일부분이든 이용하면 저작권 침해로부터 자유로울 수 없습니다.

저작권법 제35조의3(저작물의 공정한 이용)

① 제23조부터 제35조의2까지, 제101조의3부터 제101조의5 까지의 경우 외에 저작물의 통상적인 이용 방법과 충돌하지 아니하고 저작자의 정당한 이익을 부당하게 해치지 아니하는 경우에는 저작물을 이용할 수 있다.

② 저작물 이용 행위가 제1항에 해당하는지를 판단할 때에는 다음 각 호의 사항등을 고려하여야 한다.

    1. 이용의 목적 및 성격

    2. 저작물의 종류 및 용도

    3. 이용된 부분이 저작물 전체에서 차지하는 비중과 그 중요성

    4. 저작물의 이용이 그 저작물의 현재 시장 또는 가치나 잠재적인 시장 또는 가치에 미치는 영향

★ 여기서 저작권법 제35조의3 제1항에 열거되어 있는 규정들은 저작재산권의 제한에 관련된 것들입니다.

이용 분량이 짧으면 문제가 없다?

이러한 오해는 유튜브에서 사용하는 저작권 침해 감지 시스템 때문에 발생한 것으로 보입니다. 유튜브의 저작권 침해 감지 시스템으로 '콘텐츠 IDContent ID'와 '저작권 일치 도구Copyright Match Tool'가 있습니다. 이 시스템들은 업로드된 영상이 다른 저작물을 얼마나 이용했는지 자동으로 감지해 냅니다. 하지만 아무리 기술이 많이 발전했다고 해도 이를 감지하는 데에는 어느 정도의 시간이 걸릴 수밖에 없습니다.

그리고 유튜브와 계약을 맺어서 콘텐츠 ID 툴을 이용할 수 있는 권한을 가진 콘텐츠 ID 담당자는 자신의 저작물이 유튜브에서 어느 정도 시간만큼 사용될 수 있는지를 직접 설정할 수 있습니다. 예를 들어서 자신의 영화를 다른 채널이 몇 초만큼 사용했을 경우에 자동으로 저작권 침해 신고가 들어가도록 설정할 수 있는 것이죠. 그에 맞추어 제재를 가할 수도 있고요. 그렇기 때문에 문제는 일정 분량 이하의 짧은 음원이나 영상을 사용하면 인공 지능이 이를 잡아내지 못하는 경우도 있고 잡아낸다고 할지라도 콘텐츠 ID 담당자가 설정한 사용 제한 시간보다 짧으면 유튜버에게 제재가 들어가지 않을 수 있습니다.

이러한 상황 때문에 헷갈리거나 오해하는 사람이 많은 것 같습니다. 하지만 이것은 저작권 침해 영상이 유튜브의 감지 시스템에 의해 당장 제재가 들어가지 않는 것일뿐 얼마든지 저작권 문제가 발생할 수 있습니다. 저작권자가 유튜브 플랫폼 내에서 수동으로 저작권 침해 신고를 할 수도 있고 혹은 플랫폼 외에서 법적 조치를 취할 수도 있기 때문입니다. 물론 이용된 부분이 짧을 경우 공표된 저작물의 인용 또는 공정 이용으로 판단되기에 조금 더 유리할 여지는 있습니다.

원포인트
법알못✕
가이드✕

다른 사람의 저작물을 사용하기 위해서는 저작자의 허락을 구하는 것이 기본입니다. 물론 저작자의 허락이 없어도 사용할 수 있는 예외적인 경우들이 있습니다. 하지만 예외보다는 기본에 집중하는 게 저작권에 대한 고민을 줄이는 방법이라고 생각합니다.

3

무료 폰트인 줄 알고 사용했는데
수백만 원 비용이 청구됐어요

유튜버 남주 씨는 자신의 영상에 예쁜 자막을 넣기 위해 무료 폰트를 찾았습니다. 몇 시간 동안 검색하며 심혈을 기울여 고민한 끝에 두 가지 무료 폰트를 고를 수 있었지요. 남주 씨는 영상 편집에 이 두 가지 폰트만 사용했고, 결과물을 보고 무척 흡족했습니다. 그렇게 순조롭게 유튜브 채널을 운영하던 어느 날, 폰트의 저작권 문제로 민·형사상 책임을 저야 할 수도 있다는 내용 증명을 받게 되었습니다. 남주 씨는 놀라고 두려운 마음을 진정시킨 뒤 해결 방법이 없는지 내용 증명을 꼼꼼하게 살펴보았습니다. 그리고 폰트를 구매하면 더 이상 책임을 묻지 않겠다는 문장을 발견했지요.

남주 씨는 다행이라고 생각했습니다. 폰트가 두 가지뿐이니 비교적 저렴할 거라고 생각했거든요. 하지만 자세히 살펴보니 이 폰트만 구매하는 것은 불가능하고 각각의 폰트 패키지를 구매해야 한다는 사실을 알았어요. 그리고 패키지의 가격을 본 남주 씨는 기겁할 수밖에 없었습니다. 패키지당 가격이 무려 200만 원이었기 때문이지요. 남주 씨는 꼼짝없이 패키지를 구매해야 할까요?

폰트 저작권 합의금 헌터?

요즘은 덜하지만 약 3년 전만 해도 특정 포털 사이트에서 무료 폰트(글꼴)를 검색하면 절반만 무료인 폰트가 많았습니다. 즉 다운로드만 무료인 것이죠. 하지만 많은 사람들이 이 사실을 모른 채 사용했고 이 폰트로 블로그라도 꾸미면 남주 씨와 같은 상황에 처했습니다. 무료라는 걸 믿고 다운로드해 몇 번 사용했을 뿐인데 이 때문에 사용하지 않은 폰트까지 구매하게 생긴 겁니다. 대부분의 사람들은 이 돈을 안 냈다가 내용 증명대로 고소를 당하면 어쩌나 걱정했고, 몇몇은 울며 겨자 먹기로 패키지를 구매하기도 했습니다.

요즘에는 무료 폰트를 검색하더라도 유튜브 영상에도 사용할 수 있는지를 미리 확인하는 사람이 많습니다. 그렇지만 여전히 반쪽짜리 무료 폰트인지 모르고 다운로드하거나 사용 범위를 초과하여 사용하는 사람이 많습니다. 개인 용도로 사용하는 것은 무료지만 블로그나 유튜브에서 사용하려면 수백만 원을 지불해야 한다는 사실을 모르는 사람이 많은데, 한순간의 실수로 모두 부담해야 한다는 것은 개인적으로 조금 부당하다고 생각합니다.

폰트 저작권은 폰트 파일에 있다

물론 폰트에도 저작권이 있습니다. 그런데 저작권법에서는 폰트 자체를 저작물로 보호하는 것이 아니라 폰트를 표현하기 위한 폰트 파일을 컴퓨터 프로그램 저작물로서 보호하고 있습니다. 그러므로 폰트 파일 자체를 정상적인 경로로 내려받지 않고 복제하거나 이용에 제공하는 경우에는 저작자의 권리를 침해하는 것이 되지만, 단순히 폰트 파일을 사용하여 만든 결과물에는 저작권 침해 문제를 따지기 힘듭니다. 그렇기 때문에 그 결과물만 이용한 사람에게는 저작권 침해에 대한 책임을 묻기 힘든 것이죠.

허용된 범위 이상으로 사용했다면?

공식적이고 정상적인 경로로 폰트 파일을 다운로드했으나 사용 범위를 지키지 않았다면 어떨까요? 예를 들어 개인적인 용도로 사용하는 경우에만 무료인데 그걸 모르고 유튜브 제작에 사용했다면 어떤 책임을 지게 될까요?

물론 폰트 파일을 정상적으로 다운로드했기 때문에 저

작권 침해에 해당하지 않아 형사 책임도 지지 않을 가능성이 높습니다. 하지만 폰트 파일 제공 회사와의 계약을 위반한 것이므로 계약 위반에 따른 민사상의 손해 배상 책임으로부터 자유롭지 못합니다. 결론적으로, 폰트를 아무 문제없이 사용하기 위해서는 정상적인 경로로 다운로드해 허용된 사용 범위 내에서 이용해야 합니다.

폰트 회사로부터
내용 증명을 받았다면?

남주 씨처럼 폰트 회사로부터 패키지를 구매하라는 내용 증명을 받았다면 어떻게 해야 할까요? 패키지를 구입해야만 할까요? 경우에 따라서 폰트 회사가 굉장히 얄미울 수도 있습니다. 하지만 그 회사가 자신의 권리를 보장받기 위해서 법적 조치를 취하는 것은 현행법상 문제없는 행위입니다. 그러므로 원만한 합의가 이루어지는 것이 중요합니다.

또한 폰트 회사가 요구하는 사용료나 구입비가 과도하다고 여겨질 경우 한국저작권위원회를 통해 저작권 분쟁 조정을 받을 수 있습니다.

위법 행위를 한 자는 그 책임을 지는 것이 당연합니다. 하지만 많은 사람이 나쁜 의도 없이 반복해서 위법을 저지른다면, 그리고 그 실수 때문에 정신적·물질적으로 힘든 상황에 처한다면 제도 자체에 문제가 있지는 않은지 생각하게 됩니다. 이번에 살펴본 폰트 저작권 문제처럼 말입니다. 이 문제가 원만하게 해결될 수 있는 제도적 장치를 기대해 봅니다.

4
누구나 유튜버가 될 수 있지만
아무나 찍어서는 안 돼요!

유튜브 채널 〈법알못 가이드〉를 운영하고 있는 남주 씨는 얼마 전에 강남역에 위치한 한 카페에서 촬영을 했습니다. 해당 카페에서 발생할 수 있는 법적 문제를 설명하는 내용이어서 손님이 많았음에도 불구하고 촬영을 강행했지요. 남주 씨는 나중에 영상을 편집할 때 손님들의 얼굴은 모두 모자이크 처리를 해야겠다고 생각했습니다. 그런데 막상 편집을 시작하니 프로그램 오류가 여러 번 발생하고 영상 제작 마감일도 다가오면서 마음이 다급해졌어요. 결국 남주 씨는 몇몇 장면에서 한 손님의 모자이크 처리를 깜빡하고 말았습니다. 그리고 그 사실을 모른 채 해당 영상을 자신의 채널에 업로드했지요.

다음 날, 남주 씨는 그 손님으로부터 직접 연락을 받고 깜짝 놀랐습니다. 당장 영상을 삭제하지 않으면 초상권 침해로 법적 조치를 취하겠다고 말했지요. 남주 씨가 해당 영상을 확인한 결과 그 손님의 얼굴이 노출된 시간은 겨우 3초 남짓이었어요. 과연 남주 씨는 이 영상을 지워야만 할까요? 아니면 다른 해결 방법이 있을까요?

초상권을 침해하면 어떤 책임을 질까?

사람은 누구나 촬영되거나 그림으로 묘사되지 않을 권리, 그리고 그것이 공표되지 않을 권리와 영리적으로 이용당하지 않을 권리를 가지고 있습니다(대법원 2006. 10. 13. 선고 2004다16280 판결). 이를 초상권이라고 합니다. 그런데 형법에는 초상권을 침해하면 징역 몇 년에 처한다는 구체적인 규정이 없습니다. 그래서 다른 죄가 인정되지 않는다면 민사 소송을 통한 손해 배상만이 가능합니다. 하지만 실제 손해 배상으로 이어지려면 초상의 공표가 명예훼손적 또는 영리적으로 이용되었음을 증명해야 하고(수원지방법원 2012. 9. 6. 선고 2011가단80889 판결), 이것을 증명하지 않으면 승소를 통한 구제가 어려울 수도 있습니다. 그리고 이 증명은 피해를 입었다고 주장하는 자가 해야 하지요.

'명예훼손적'이라고?

그럼 '명예훼손적'인 경우는 어떤 때를 말하는 걸까요? 예를 들어 한 번도 성형 수술을 하지 않은 사람의 사진을 가져다가 "성형 수술 성공 사례!"라는 글과 함께 게시하는 경우가 있겠습니다. 그 사진을 본 사람들은 사진 속 인물이 성형 수술을 한 것으로 오해할 수 있지요. 또 다른 예로 일상적인 시장 풍경을 보여 주며 "소비자를 속이는 악덕 상인들입니다!"라는 자막을 넣은 텔레비전 뉴스가 있겠습니다. 이 뉴스를 본 시청자들은 화면 속 시장 상인을 악덕 상인으로 여길 수 있습니다. 사진 속 인물과 화면 속 시장 상인은 허위의 사실이 유포됨으로써 명예가 훼손되는 피해를 입은 것입니다.

누군가 돈을 벌면
누군가는 고통을 받는다

우리 판례는 다른 피해 없이 영리 목적으로 자신의 사진이 사용됐다는 사실만으로도 정신적 고통이 수반된다고 판단하고 있습니다(서울중앙지방법원 2016. 7. 21 선고 2015가단 5324874 판결). 즉 누군가 내 모습이 찍힌 사진이나 영상으로 이득을 얻고 있다는 사실만으로도 정신적 고통을 받을 수 있다고 보는 거지요.

한 유튜버의 갈비탕 '먹방'을 예로 들어 보겠습니다. 이 유튜버는 자신이 촬영한 영상을 편집하는 도중에 뒷자리에 엄청나게 아름다운 여성이 앉아 있었다는 걸 발견합니다. 그래서 그 여성의 모습을 크게 확대하여 갈비탕을 먹는 자신의 모습보다 더 잘 보이게 처리했지요. 게다가 영상의 제목도 "역대급 여신과 함께한 갈비탕 먹방!"이라고 달아서 뒷자리의 여성이 영상의 주인공이 되도록 만들었습니다. 덕분에 이 영상은 엄청난 조회 수를 기록하게 되었지요. 덕분에 광고 수입도 짭짤했고요.

또 다른 유튜버를 볼까요? 공원에서 운동하는 초면의 남성을 촬영한 뒤 "공원 한복판의 운동남 팔뚝 실화냐?"라는 제목을 달아서 업로드했더니 높은 조회 수와 광고 수익을 거뒀습니다. 두 유튜버는 초상의 공표를 영리적으로 이용했다고 볼 수 있습니다.

참고로 영상에 모습이 잠깐 비춘 정도로는 이에 해당하기 힘듭니다. '어? 이 유튜버의 영상에 내가 찍혔네? 그런데 이 유튜버는 이 영상으로 돈을 벌잖아. 그러면 내 모습을 영리적으로 이용한 거네?'라는 식의 논리는 곤란하다는 뜻입니다.

공익 목적으로 사용된 경우라면?

실제로 이런 사례가 있었는데요. 한 방송국에서 설 연휴 교통 상황을 보도했습니다. 이때 고속도로 통행료 징수원으로 근무하던 A 씨의 모습도 방송을 타게 되었지요. 그런데 문제는 이 영상이 설 연휴 이전에 촬영한 것이고 설 연휴 당시에는 A 씨가 이미 징수원 일을 그만두고 이직하여 다른 직장을 다니고 있었다는 사실입니다. 그런데 A 씨는 이 방송 때문에 자신의 과거 직업이 밝혀져 현재 직장에서 문제가 발생하였고 그로 인해 정신적인 고통을 받았다고 주장했습니다. 그리고 방송국을 상대로 이에 대한 위자료 청구 소송을 했지요. 소송의 결과는 어땠을까요?

설 연휴 교통 상황 보도는 명예훼손적인 표현도 없고 공익을 목적으로 한 방송이었습니다. 하지만 A 씨의 사생활이 공개되었다는 사실만으로 정신적 피해가 인정되었습니다. 1심은 방송국이 이겨서 위자료를 지급할 필요가 없다는 판결을 받았습니다. 하지만 2심은 A 씨의 손을 들어 주었습니다. 굳이 방송에 A 씨의 모습이 나와야 할 필요성도 인정되지 않았고, 방송해도 좋다는 A 씨의 동의를 생략할 만큼 긴급한 사안도 아니라는 것이었습니다. 게다가 A 씨의 모습을 모자이크 처리할 수 있었음에도 그대로 방송한 것은 초상권 침해의 위법성 조각 사유(형식적으로 불법, 범죄 행위의 구성 요건을 가지지만 실질적으로 위법이 아니라고 인정할 만한 특별한 사유)에 해당하지 않는다고 판단했습니다.

물론 A 씨의 경우는 현재 직장에 자신의 과거 직업이 드러남으로써 정신적 고통을 받을 수 있다는 점을 매우 잘 증명해 낸 사례입니다. 하지만 단순히 '내가 싫어하는 유튜버의 영상에 내 모습이 찍혔네? 짜증 나! 이 정신적 고통은 어떻게 할 거야!'라는 정도로는 인정되지 않습니다. 하필 땡땡이치는 모습이 찍히는 바람에 회사에서 난리가 났거나 불륜 현장이 찍히는 바람에 이혼을 한 것처럼 특별한 사정이 없다면 실제로 피해나 손해를 입었는지 증명하기는 매우 어렵습니다.

초상권 문제를 피하는 촬영 요령

앞서 설명한 것처럼 영상에 행인 모습이 잠깐 비춘 정도로는 초상권 문제가 발생할 확률이 매우 낮습니다. 하지만 이는 어디까지나 불확실한 판단이며 여기에 모험을 걸기보다는 안전하게 촬영하고 제작하는 것이 좋습니다. 그 방법은 매우 간단합니다. 화면에 걸리는 모든 사람에게 동의를 받는 것입니다. 동의를 받지 못하면 그 장면은 사용하지 않거나 또는 모자이크 처리 및 음성 변조를 해야 합니다. 모자이크 및 음성 변조는 기초적인 편집 기술이기 때문에 누구나 쉽게 할 수 있습니다.

유튜브에서 초상권 문제가 생긴다면?

앞서 소개한 카페 손님의 경우 남주 씨의 영상에서 얼굴이 노출된 시간이 짧기 때문에 초상권 침해에 따른 손해 배상을 청구하기는 힘든 것이 사실입니다. 하지만 그렇다고 해서 남주 씨가 그 손님의 요구를 무시하는 것은 도덕적으로 옳지 않습니다. 또한 시청자의 요청이 있었다고 해서 어렵게 완성한 영상을 무작정 삭제하는 것도 억울한 일입니다.

　유튜브에서는 이미 업로드한 영상이라 해도 추후에 모자이크를 추가할 수 있는 편집 기능을 제공하고 있습니다. 그러므로 남주 씨의 사례처럼 누군가 자신의 모습이 노출되었다는 문제를 제기하면 상대에게 진심으로 사과한 후

이 기능을 이용해 해당 장면에 모자이크 처리를 하면 되겠습니다.

　반대로 여러분이 다른 유튜버의 영상으로 인해 초상권 침해를 당했다면 해당 영상 링크로 들어가 초상권 침해 신고를 하면 됩니다. 유튜브 측에서 이 신고가 정상적이라고 판단하면 이 사실을 해당 유튜버에게 전달합니다. 그러면 그 유튜버는 모자이크 처리나 해당 영상 삭제처럼 후속 조치를 취해야 하죠. 이런 식으로 문제를 직접 해결할 수 있다면 소송에 들어가는 시간과 비용을 절약할 수 있습니다.

　물론 유튜브를 통해 초상권 침해를 신고하고 모자이크 처리 또는 삭제를 할 수 있다고 해도, 이 처리에는 시간이 걸립니다. 이 경우 그동안 입은 손해에 대해서는 따로 법적인 조치를 할 수 있습니다. 유튜브가 이용자들을 위해 제공하는 여러 가지 권리 침해 방지 도구들은 보조적인 수단에 불과하다는 것 아시겠죠? 여러분들의 초상권은 유튜브에서 제공하는 간단한 도구만 가지고 온전히 보호할 수 있을 정도로 가벼운 권리가 아닙니다.

유튜브 영상으로 발생한 문제가 소송으로 이어진 사례는
아직 없습니다. 그래서 실제 법원에서 어떤 식으로 처리가
될지 예상하기 어렵습니다. 하지만 유튜브가 우리 일상과
점점 더 가까워지고 있는 만큼 언젠가는 발생할 문제이기
때문에 되도록 상세하게 예상해 보았습니다.

5
유튜버로 활동하며
'투잡'을 뛰면 안 되나요?

2017년부터 법률 정보 채널 〈법알못 가이드〉를 운영하는 유튜버 남주 씨. 그런 그가 2019년에 법률 사무소 정식 직원으로 채용이 되었습니다. 기획 실장으로 입사한 남주 씨는 업무도, 유튜브 영상 제작도 최선을 다했습니다.

그러던 어느 날, 남주 씨는 법률 사무소의 대표 변호사로부터 직장을 계속 다니려면 유튜버를 그만두라는 청천벽력 같은 이야기를 들었습니다. '투잡'을 허용할 수 없으니 법률 사무소 일에만 집중해 달라는 뜻이었죠. 남주 씨는 패닉 상태에 빠지고 말았습니다. 아니, 〈법알못 가이드〉 덕분에 법률 사무소에 취직까지 했는데 내 기반이 되어 준 채널을 포기하라니! 남주 씨는 이대로 유튜브 활동을 그만두어야 할까요?

유튜브의 인기가 대단합니다. 몇몇 유튜버는 자신의 채널로 큰돈을 벌었지요. 누구나 쉽게 시작할 수 있다는 점 때문에 많은 직장인들이 유튜브 활동을 부업으로 삼고 싶어 합니다. 퇴근 후 여가 시간을 이용해 유튜브 영상을 촬영하거나 제작하려는 것이지요.

사실 그동안 많은 회사가 유튜브를 페이스북이나 인스타그램처럼 단순한 SNS로 인식하고 있었기 때문에 유튜브 채널 운영을 제재하지 않았습니다. 하지만 유튜버를 겸직하는 직장인이 늘어나자 덩달아 유튜버 활동이 회사 업무에 악영향을 끼친다는 목소리도 높아졌습니다. 결국 전 직원에게 유튜버 활동을 금지한다는 공문을 내린 회사까지 등장했습니다. 업무 내용이나 사내 기밀을 누설하는 것도 아니고, 퇴근 후 여가 활용임에도 불구하고 회사에서 유튜버 활동을 막는 것입니다. 그런데 회사에서 하지 말라면 개인은 어쩔 수 없이 회사의 정책에 따라야 할까요?

공무원이 유튜버가 되려면?

공무원의 유튜브 활동에 대해서는 명확한 관련 규정이 있는데요. 공무원은 국가공무원법 및 국가공무원 복무 규정에 따라서 소속 기관장의 사전 허가를 받아야 유튜브를 통한 지속적인 수익 창출을 할 수 있습니다. 물론 기관마다 허용하는 정도의 차이는 있습니다. 예를 들면 유튜브 채널을 운영할 때 수익 창출을 일절 금지하는 곳이 있는가 하면, 사전 허락만 받으면 얼마든지 가능한 곳도 있죠. 결국 '케이스 바이 케이스case by case'입니다. 어쨌든 공무원이라면 우선 상부에 유튜브 활동이 가능한지, 문의해야 하는 것입니다.

개인적으로 수익 창출을 하지 않는 유튜브 활동은 굳이 상부에 문의하거나 허락을 구할 필요가 없다고 생각합니다. 하지만 수익 창출 여부를 떠나서 유튜브 활동 자체만으로 공무원의 품위 유지 의무 위반을 문제 삼을 가능성이 있습니다. 그러므로 원칙에 맞게 소속 기관장에게 유튜브 채널 운영이 가능한지 여부를 문의하는 편이 가장 확실하겠습니다. 아무래도 공무원 사회가 좀 더 빡빡한 건 어쩔 수 없다고 봅니다.

국가공무원법 제63조(품위 유지의 의무)

공무원은 직무의 내외를 불문하고 그 품위가 손상되는 행위를 하여서는 아니 된다

국가공무원법 제64조(영리 업무 및 겸직 금지)

① 공무원은 공무 외에 영리를 목적으로 하는 업무에 종사하지 못하며 소속 기관장의 허가 없이 다른 직무를 겸할 수 없다.

② 제1항에 따른 영리를 목적으로 하는 업무의 한계는 대통령령 등으로 정한다.

사기업 직장인의 경우에는?

자, 그럼 일반 사기업에서 근무하는 직장인은 어떨까요? 일단 이들에게 명확히 적용되는 법 규정은 없습니다. 하지만 대부분의 회사에서는 겸직을 금하고 있으며, 대부분의 직장인이 입사할 때 이러한 사항에 동의했을 겁니다.

직장인이라면 자신에게 월급을 주는 회사를 위해 사내 규칙을 성실히 지키고 자신이 맡은 바와 직무에 최선을 다할 계약상 의무가 있습니다. 그러므로 계약상 의무를 다하지 않고 회사에서 금하는 겸직 행위를 아무런 허락도 없이

하는 것은 징계 사유가 될 수 있습니다. 게다가 겸직으로
인해 회사 업무에 차질이 빚어지면 문제는 더욱 커지겠죠.

제가 헌법이 보장하는 자유에 입각하여 판단해 보자면,
회사가 직원의 수익 창출을 하지 않는 유튜브 활동까지 제
한할 수는 없다고 봅니다. 게다가 보통 회사의 취업 규칙에
는 "모든 겸직은 금한다" 정도만 명시된 경우가 많습니다.
그래서 "유튜브로 돈을 번다고? 그럼 겸직 금지 규칙을 위
반한 거네? 너 해고야!"라는 식의 징계는 서울행정법원의
판례(서울행정법원 2001. 7. 24. 선고 2001구7465 판결)에 비추
었을 때 부당하다고 볼 수 있겠습니다. 이 판례에서는 기업
질서나 노무 제공에 지장이 없는 한 기업은 포괄적으로 유
튜브 활동 자체를 아예 금하는 것이 부당하다고 판단했기
때문이지요.

원포인트
법알못×
가이드× -

아무리 직장인의 유튜브 활동을 인정하는 판례가 있었다
하더라도 현실적으로 직장인들은 가족의 생계를 책임져야
하는 입장입니다. 그래서 회사 사장에게 "이런 판례가 있으

니 내가 유튜브로 돈 벌더라도 신경 쓰지 마세요!"라고 주장하기는 쉽지 않습니다. 결국 사기업 직장인이나 공무원 모두 유튜브로 인한 수익 창출 활동은 어려운 상황입니다. 물론 수익을 창출하지 않는 경우에는 "나는 유튜브로 돈 안 번다! 페이스북이나 인스타그램처럼 SNS의 하나일 뿐이다! 회사에 피해도 안 준다! 왜 개인의 취미까지 제한하느냐! 대한민국 헌법 제17조도 모르냐!"라고 따져 볼 수는 있겠습니다.

Part 3
이웃집에서 악마를 보았다

1

처음 하는 원룸 계약,
무엇을 주의해야 할까요?

대학교를 졸업한 뒤 숱한 도전과 노력 끝에 취업에 성공한 남주 씨. 하지만 기쁨도 잠시, 현실적인 난관에 부딪히고 말았습니다. 경기도 근가에서 회사까지 3시간이 넘는 거리였기 때문이지요. 그래서 회사 근처에 원룸을 알아보기로 결정했습니다. 부동산 앱을 들여다봤더니 괜찮은 원룸이 많았습니다. 하지만 막상 연락해 보면 이미 계약이 되었거나 앱에 소개된 가격과 차이가 있었습니다.

그래서 남주 씨는 직접 회사 근처에서 발품을 팔아 원룸을 찾아보기로 했습니다. 그렇게 한참을 돌아다닌 끝에 마음에 드는 조건의 원룸을 찾을 수 있었지요. 그런데 주인 아저씨가 지금 바로 계약을 하자며 계약서부터 들이미는 게 아니겠어요? 이런 계약을 처음 해 보는 남주 씨는 당황스러움과 두려움이 앞섰습니다. 안전한 원룸 계약을 위해서는 무엇을 주의해야 할까요?

집주인보다 공인 중개사가 먼저다

직접 발품을 팔거나, 부동산 앱이나 온라인 커뮤니티를 통했다고 해도 집주인에게 직접 연락하지 말고 먼저 공인 중개사를 찾아가는 것을 추천합니다. 물론 공인 중개사를 통하면 중개 수수료를 내야 하기 때문에 돈이 더 많이 드는 건 사실입니다. 그렇지만 직접 계약을 진행할 경우 혹시라도 발생할 수 있는 계약상의 문제를 스스로 확인해야 합니다. 아무리 이 책을 꼼꼼히 보고 미리 대비한다고 해도 얼마든지 실수가 발생할 수 있죠. 그러므로 안전하지 않은 방법을 소개하는 것은 제가 스스로 거부하겠습니다.

체크리스트를 꼭 확인하자

아무리 공인 중개사를 통한다고 해도 문제가 될 만한 부분을 미리 아는 것과 모르는 것은 천지 차이입니다. 그러므로 계약을 진행하기 전에 아래 소개하는 체크리스트를 반드시 먼저 확인하세요.

1. 주변 환경 확인

원룸 생활을 7년 넘게 했던 제가 강조하고 싶은 첫 번째는 원룸 근처 환경이 안전한지 확인하는 일입니다. 안전이 확인되지 않거나 보완되지 않으면 아무리 법적으로 문제가 없더라도 잘된 계약이 아니라고 말할 수 있습니다. 방에 들어가기 전에 우선 원룸이 있는 동네가 우범 지대는 아닌지, 주변이 너무 어둡지는 않은지, 건물 출입구에 잠금 장치가 있는지, 창문에 방범 장치가 되어 있는지 자기 눈으로 직접, 꼼꼼히 따져서 확인해야 합니다. 그래야 계약 이후 원룸에 들어가 지낼 때 문제가 없습니다.

실제로 제가 살던 원룸의 옆 건물에 누군가 무단 침입한 적이 있었는데요. 방범 시설이 잘 갖춰진 건물이었음에도 불구하고 이런 사건이 발생해 새벽에 경찰이 출동하기도 했습니다. 이것만 봐도 최소한의 방범 시설조차 갖춰지지 않은 건물에서 사는 일이 얼마나 위험한지 알 수 있습니다.

여기에 더해 깨알 같은 팁을 드리자면 생필품을 구입할 수 있는 마트나 편의점과 가까운 원룸을 추천합니다. 제가 살았던 원룸은 편의점과 너무 멀리 떨어져 있어서 굉장히 불편했거든요.

2. 내부 시설 확인

원룸 내부 벽면에 균열이 나 있거나 곰팡이가 피어 있는지, 장판 상태는 어떤지, 화장실 변기의 물은 잘 내려가는지 등을 확인한 후 스마트폰이나 카메라를 이용해 사진 및 동영상을 촬영해 놓아야 합니다. 나중에 계약이 끝난 후 그 방에서 나가게 될 때 집주인이 꼬투리를 잡는 경우가 허다하기 때문이지요. 계약하기 전에 원룸 내외부의 상태를 꼼꼼하게 기록할 필요가 있습니다. 만약 문제가 있다면 집주인이 수리를 해 줄 것인지 여부도 반드시 확인해야 합니다.

그 외에 반드시 확인해야 할 사항은 난방비, 수도세, 전기세 정산 방법입니다. 원룸 건물 중에는 층별로 합산하여 계산하는 곳도 많기 때문에 본인의 사용량이 적은 편이라면 방별로, 개별적으로 정산하는 것이 좋겠죠.

3. 등기부 등본과 건축물 대장 열람

원룸 계약을 진행하기 전에 그 건물의 등기부 등본을 보고 계약서상의 임대인과 등기부 등본상의 건물주가 일치하는지 확인해야 합니다. 더불어 이 건물에 융자가 있는지, 있다면 얼마인지도 확인해야겠죠. 이 과정은 공인 중개사의 도움을 받을 수도 있고, '대법원 인터넷 등기소'[2] 웹 사이트나 앱을 통해 직접 확인할 수도 있습니다. 매매가 대비 대출이 얼마나 잡혀 있는지, 압류나 가압류의 여부 등도 확인해야 여러분의 소중한 보증금을 안전하게 돌려받을 수 있을지 가늠할 수 있습니다. 무엇보다 보증금의 안전을 정확하게 판단하려면 공인 중개사의 도움을 받는 것이 좋습니다.

그리고 건축물 대장을 열람하여 여기에 나와 있는 건물의 용도로 전입 신고를 할 수 있는지 반드시 확인해야 합니다. 계약하려는 원룸이 사실은 창고나 사무실 등의 용도로 되어 있다면 전입 신고가 거부될 수도 있기 때문입니다. 정부 민원 포털 사이트인 '정부24'[3]를 이용하면 무료로 건축물 대장을 열람할 수 있습니다.

4. 보증금 반환에 대한 특약 확인

원룸의 주변 환경과 내부 상태가 마음에 들었다면 이제 계약을 진행하면 되는데요. 원룸 계약에서는 무엇보다 계약 기간이 만료된 후 보증금을 돌려받는 문제가 가장 중요합니다. 보증금을 언제 어떤 방식으로 돌려받을지 확실하게 설정해 두어야 하죠. 종종 집을 더럽게 썼다는 등의 핑계를 대며 보증금을 돌려주지 않거나 임의로 얼마의 금액을 제한 뒤 돌려주는 집주인이 있기 때문입니다.

그러므로 계약서를 작성할 때 특약 사항으로 보증금 및 잔금은 언제 반환하는지, 남은 관리비는 어떻게 처리할지, 계약이 만료된 후 청소가 필요한 경우 청소비를 따로 지불할지 등의 내용을 확실하게 해 두시기 바랍니다.

5. 계약 후 중개 수수료 및 보증금 송금

앞에서 소개한 사항들을 잘 확인한 후 아무런 문제가 없다면 이제 계약서에 서명하고 계약금 및 보증금을 입금하면 됩니다. 그런데 이때 또 확인할 것이 있습니다. 계약은 위임장을 가진 대리인과 진행할 수 있지만 보증금 입금은 반드시 임대인으로 설정된 소유자에게 해야 한다는 것입니다. 또한 계약금 지급 이후에 잔금을 낼 경우에는 잔금일 직전에 다시 한 번 원룸의 등기부 등본을 열람하여 내용 변동이 있는지 확인해야 안전합니다.

6. 전입 신고 및 확정 일자 받기

계약서 서명이 끝났다면 해당 계약서를 들고 동 주민 센터(동사무소)를 방문하여 전입 신고 및 확정 일자를 받아야 합니다. 이 과정은 여러분의 보증금을 안전하게 지킬 수 있는 방법 중 하나입니다.

앞에서 소개한 사항들을 꼼꼼하게 확인하고 정리하지 않으면 계약 이후 임대인과 다퉈야 할 문제가 발생할 수도 있습니다. 그중에는 금전적인 문제도 많죠. 만약 소송까지 나아간다면 결국은 법적으로 돈을 돌려받을 수 있겠지만 소송 과정에서 어마어마한 스트레스를 받을 겁니다. 이런 문제를 사전에 예방하여 즐거운 원룸 생활을 시작하도록 합시다.

2
나를 미치게 만드는 층간 소음 문제, 원만한 해결 방법은 없을까요?

수험생 남주 군이 수능을 100일 정도 앞둔 어느 날, 윗집에 새로운 가족이 이사를 왔습니다. 그 집에는 초등학생으로 보이는 형제가 있었죠. 남주 군은 불안한 기운이 엄습해 오는 것을 느낄 수 있었고, 예상은 여지없이 들어맞았습니다. 바로 그날 저녁부터 아이들이 쿵쿵 뛰어다니는 소리가 들리기 시작했습니다.

윗집의 소음은 남주 군이 가장 집중해야 할 저녁 8시부터 시작해 자정까지 이어졌습니다. 남주 군과 부모님은 경비실에 연락해 해결을 부탁했지만 소음이 잦아드는 건 그때뿐이었습니다. 그렇게 일주일이 지났지만 윗집은 전혀 조심할 마음이 없는 것 같았습니다. 참다못한 남주 군이 인터폰으로 윗집에 항의를 했더니 윗집 아저씨는 "아이들이 좀 뛸 수도 있지! 학생도 어렸을 땐 뛰어다니면서 컸을 텐데 이해 좀 해!"라며 퉁명스럽게 대답하는 게 아니겠어요? 화가 난 남주 군은 단박에 위층으로 뛰어 올라가 항의를 계속했지만 윗집은 적반하장으로 일관했습니다.

남주 군은 독서실과 학원이 불편해서 집에서 공부하는 습관을 들였는데 이러다가는 수능을 망치게 생겼습니다. 과연 층간 소음을 해결할 방법은 없을까요?

싸우는 것은 문제를 해결하지 못한다

층간 소음은 주택 건물, 아파트 단지, 동네의 평화를 깨뜨리고 심지어 살인 사건이라는 비극을 낳기도 합니다. 대표적인 사례로 2016년 7월 경기도 하남과 2017년 5월 강원도 춘천에서 벌어진 살인 사건을 들 수 있습니다. 두 사건모두 층간 소음 문제로 윗집과 아랫집의 감정이 격해져서발생했습니다. 감정의 골이 깊어지기 전에 문제가 해결되었다면 이런 극단적인 사건은 일어나지 않았을 겁니다.

층간 소음 문제 해결에 도움이 되는 몇 가지 법적 절차가 있습니다. 물론 이런 법적 절차가 근본적인 해결책은 아닙니다. 하지만 당사자들이 문제 해결을 위해 어떤 노력을할 수 있는지 안다면 감정만 앞세워 싸우는 것보다 훨씬긍정적일 것입니다.

일단 관리 주체에게 해결을 요청하자

먼저 거주지의 관리 주체에게 층간 소음 문제의 해결을 요청하는 방법이 있습니다. 공동주택관리법 제20조에 의하면 층간 소음 피해를 입은 입주자들은 관리 주체에게 이 사실을 알리고 그가 적절한 조치를 취할 수 있도록 해야 합니다. 즉 우선 관리 사무소에 연락을 취해 이 문제를 해결해 달라고 요청하세요. 물론 이 방법은 현실과 괴리가 존재합니다. 수많은 층간 소음 문제가 이 방법으로 잘 해결됐다면 심각한 사회 문제로 발전했을 리 없기 때문입니다.

공동주택관리법 제20조(층간소음의 방지 등)

① 공동주택의 입주자 등은 공동주택에서 뛰거나 걷는 동작에서 발생하는 소음이나 음향기기를 사용하는 등의 활동에서 발생하는 소음 등 층간소음[벽간소음 등 인접한 세대 간의 소음(대각선에 위치한 세대 간의 소음을 포함한다)을 포함하며, 이하 "층간소음"이라 한다]으로 인하여 다른 입주자 등에게 피해를 주지 아니하도록 노력하여야 한다.

② 제1항에 따른 층간소음으로 피해를 입은 입주자 등은 관리주체에게 층간소음 발생 사실을 알리고, 관리주체가 층간소음 피해를 끼친 해당 입주자 등에게 층간소음 발생을 중단하거나 차음조치를 권고하도록 요청할 수 있다. 이 경우 관리주체는 사실관계 확인을 위하여 세대 내 확인 등 필요한 조사를 할 수 있다.

③ 층간소음 피해를 끼친 입주자 등은 제2항에 따른 관리주체의 조치 및 권고에 협조하여야 한다.

여러분에게 가장 추천하는 방법은 국가소음정보시스템의 층간 소음 이웃사이센터를 이용하는 것입니다. 실제로 이곳의 도움을 받아 의견을 조정하고 문제를 해결하여 화해가 이루어진 경우가 많습니다. 한국환경공단에 따르면 이웃사이센터의 현장 진단 후 무려 86퍼센트의 갈등이 해결되었다고 합니다.

층간 소음 이웃사이센터에 민원을 접수하면 피신청자에게도 안내문이 발송되어 상담을 받을 것인지 의사를 확인합니다. 그런 후 각각 현장 방문 상담을 진행하여 원만한 해결이 이루어질 수 있도록 기회를 마련해 주지요. 이를 통해 당사자들이 직접 대면하지 않고도 서로 원하는 바를 전달하거나 조율할 수 있습니다. 만약 현장 방문 상담이나 원만한 해결이 이루어지지 않았을 때에는 소음 측정 서비스도 실시하고 있습니다.

공동주택관리 분쟁조정위원회와
환경분쟁조정위원회의 도움을 받아라

공동주택관리법 제20조

④ 제2항에 따른 관리주체의 조치에도 불구하고 층간소음 발생이 계속될
경우에는 층간소음 피해를 입은 입주자 등은 제71조에 따른 공동주택관
리 분쟁조정위원회나 「환경분쟁 조정법」 제4조에 따른 환경분쟁조정위
원회에 조정을 신청할 수 있다.

층간 소음 문제로 민사 소송을 제기하는 경우 피해자는 소
음의 발생과 자신의 피해를 입증해야 합니다. 이 과정에서
법률적인 지식이 없는 일반인은 변호사의 도움 없이 해결하
기 힘든 사안이 한두 가지가 아닙니다.

이때 각 지자체의 공동주택관리 분쟁조정위원회[6]나 환
경분쟁조정위원회[7]의 도움을 받으면 효과적입니다. 이 조정
제도를 이용하면 피해 사실을 위원회가 대신 입증해 주는
데, 이용 절차도 간단할 뿐 아니라 비용도 상대적으로 저렴
합니다. 하지만 이 방법 또한 완벽한 해결책은 아닙니다. 상
대방이 사전 합의 권고를 받아들이지 않거나 조정안을 수
락하지 않으면 해결이 요원해지기 때문입니다.

최후의 방법, 민사 소송

앞서 소개한 방법들로 해결되지 않는다면 결국 민사 소송을 진행해야 합니다. 민사 소송으로 민법 제751조 제1항에 따른 정신적 피해에 대한 손해 배상 청구, 특정 시간에 소음을 일으키는 행위를 금지해 달라는 가처분 신청과 이를 강제하기 위한 간접 강제 신청을 할 수 있습니다.

하지만 피해자에게 입증 책임이 있고 시간과 비용이 많이 들기 때문에 법률적 전문 지식이 없는 일반인이 직접 진행하기는 쉽지 않습니다. 그러므로 변호사의 선임을 추천합니다. 저 또한 변호사 없이도 층간 소음 민사 소송에서 확실하게 이길 수 있는 방법을 알려드리고 싶지만 현실적으로 그러지 못하는 상황이 안타깝습니다. 아주 악의적이고 고의적으로 소음을 발생시키는 경우가 아니라면 소송으로도 해결하기 쉽지 않다는 점 기억하시기 바랍니다.

우리나라에는 층간 소음 문제를 해결하는 데 도움이 될 만한 제도가 많이 마련되어 있습니다. 그렇지만 현실적으로는 완전한 해결이 어려워 여전히 많은 사람들이 층간 소음으로 고통받고 있습니다. 층간 소음 문제가 해결되지 않는다고 해서 천장에 스피커를 설치하거나 상대를 찾아가 직간접적으로 보복한다면 역으로 처벌받을 수도 있습니다. 그러므로 원만한 해결을 위해 앞에서 소개한 방법들을 적절히 활용하기를 권합니다.

3

윗집 누수로
벽에 곰팡이가 생겼는데
보상받을 수 있을까요?

기나긴 겨울이 지나고 따뜻한 봄이 찾아왔습니다. 남주 씨는 겨우내 덮었던 겨울 이불을 얇은 봄 이불로 교체하기로 했습니다. 그래서 겨울 이불을 집어넣고 봄 이불을 꺼내기 위해 이불장을 열었습니다. 그런데 그 순간 퀴퀴한 냄새가 남주 씨의 코를 찔렀습니다. 이불장 안을 자세히 살펴보니 윗집에서 물이 새 벽과 이불장은 물론이고 그 안에 있던 이불에도 곰팡이가 생겼지 뭡니까?

남주 씨는 당장에 윗집으로 올라가 거주자에게 상황을 설명했습니다. 하지만 윗집에서는 이 문제를 해결해 줄 마음이 없는 것 같았습니다. 남주 씨는 고작 "우리 집에서 누수가 된 건지 어떻게 확신하죠? 우리 집은 아무 문제가 없는데요"라는 대답을 들었기 때문이지요. 천장에서 샌 물이 벽을 타고 흐른 흔적을 사진으로 찍어 보여 주어도 윗집 사람은 똑같은 대답만 반복할 뿐입니다. 게다가 자신도 전세로 살고 있기 때문에, 이 집에 문제가 있다고 할지라도 집주인이 책임을 져야 한다고 주장했습니다. 과연 남주 씨는 누구에게 책임을 물어야 할까요?

원인을 알아야 책임도 물을 수 있다

사실 윗집 사람의 주장에도 일리가 있습니다. 바로 윗집에서 누수가 발생했다는 보장은 없으니까요. 아무리 천장과 벽면에 물이 새고 흐른 흔적이 있더라도 윗집에서 누수가 발생했고 이것이 곰팡이 발생의 원인임을 증명하지 못한다면 법적으로 책임을 물을 수 있는 방법이 없습니다. 이때 항의가 계속되면 서로 감정이 상해서 큰 싸움으로 번질 수 있으므로, 누수가 증명되지 않은 상황에서 윗집의 초인종을 계속 누르는 일은 없어야 합니다.

더욱이 눈에 보이는 것과는 달리 실제로 윗집의 누수가 원인이 아닌 경우도 있을 수 있고, 반대로 윗집이 누수 사실을 알면서도 시치미를 떼는 걸 수도 있습니다. 그러므로 우선은 누수의 원인을 밝히는 일에 집중해야 합니다.

보상을 위한 합의와 강제적인 방법들

정식 등록 업체를 통해 누수 탐지를 실시하였고 그 결과 윗집의 누수가 곰팡이 발생의 원인이라는 사실이 밝혀졌습니다. 그럼 이제 이 사실을 윗집에 알려야겠죠? 제가 우선 추천하는 방법은 이 탐지 결과를 근거로 윗집과 원만한 합의를 시도하라는 것입니다. 법적 조치는 합의가 이루어지지 않았을 때 그 이후에 고려해야 할 것입니다. 처음부터 법적 절차를 고집하면 쉽게 해결될 문제도 망칠 수 있으니까요. 어쨌든 이후에도 계속 위아래 이웃으로 살아야 하는 상황임을 생각한다면 서로의 감정이 상하지 않도록 조심해서 접근하는 것을 우선해야 합니다.

만약 윗집과 합의를 시도했는데 이루어지지 않았다면 무엇보다 내용 증명을 보내는 방법을 추천합니다. 내용 증명에는 윗집의 관리 소홀로 인하여 누수와 하자가 발생한 사실과 그로 인해 발생한 피해액이 담겨 있어야 합니다. 물론이 내용 증명만으로 법적 결과가 발생하기는 힘듭니다. 하지만 윗집 사람은 현재 어떤 문제가 발생했는지, 혹은 여러분이 무엇을 요구하는지 그 내용을 정확하게 인지하지 못했을 가능성도 있습니다. 어쩌면 그동안의 소통 과정에서 여러 가지 오해가 쌓였을 수도 있지요. 내용 증명을 통해 이런 무지나 오해가 해소될 수 있습니다. 게다가 내용 증명은 추후에 법적 절차를 밟을 때 상대방에게 이행을 재촉했다는 증거 자료로 활용될 수 있습니다. 만약 내용 증명으로도 합의가 이루어지지 않는다면 청구할 피해액의 액수나 상황에 따라 지급 명령, 또는 소액 사건 심판 제도를 이용할 수 있습니다.

윗집도 문제지만 집주인과도 조율하자

만약 윗집 사람이 집주인에게 따지라고 주장한다면 남주씨는 어떻게 해야 할까요?

> **민법 제758조(공작물 등의 점유자, 소유자의 책임)**
> ① 공작물의 설치 또는 보존의 하자로 인하여 타인에게 손해를 가한 때에는 공작물 점유자가 손해를 배상할 책임이 있다. 그러나 점유자가 손해의 방지에 필요한 주의를 해태하지 아니한 때에는 그 소유자가 손해를 배상할 책임이 있다.
>
> **민법 제623조(임대인의 의무)**
> 임대인은 목적물을 임차인에게 인도하고 계약존속 중 그 사용, 수익에 필요한 상태를 유지하게 할 의무를 부담한다.

위 조항들에 따르면 윗집 사람이 누수가 일어나지 않도록 충분히 조심하고 주의를 기울였다면, 윗집의 소유자인 집주인에게 책임을 물어야 합니다.

관련된 판례를 살펴볼까요? 서울지방법원 2001. 6. 27. 선고 2000나81285 판결을 보면 윗집의 수도 배관 파손으로 누수가 발생하자 아랫집 거주자(A)가 윗집의 점유자(B)에게 누수에 따른 손해 배상 청구 소송을 했습니다. 이에 대해 재판부는 "이 사건에서 발생된 누수는 B가 쉽게 고칠 수 있을 정도의 사소한 것이 아니고 임대인(C)이 임대차계약상 지고 있는 수선 의무에 따라 그 수리 책임을 부담해야 할 정도의 임대목적물의 파손이라고 하였고 B는 누수가 발생한 사실을 알게 된 즉시 C에게 수리를 요청했었고 B로서는 바닥 내부의 숨은 하자로 인한 손해 발생을 미리 예견해 방지하기는 불가능했던 만큼 B에게 손해 배상 책임이 있다고 볼 수 없다"라고 하였습니다.

이 판례를 자세히 들여다보면 이렇습니다. 수도 배관 등의 이상으로 인해 윗집에 누수가 발생했다면 이것은 일반적으로 윗집 사람이 적은 비용으로 쉽게 고칠 수 있는 정도의 사소한 문제가 아닙니다. 윗집 사람이 누수가 일어날 위험에도 불구하고 조치를 취하지 않았거나 누수 사실을 알았음에도 집주인에게 수리를 요청하지 않았다면 사정이 다르겠지만, 충분히 노력하고 수리를 요구했다면 누수로 인한 피해에 대한 책임은 윗집의 소유자, 집주인에게 물어야 합니다.

정신적 고통에 대한 손해 배상도 가능할까?

일반적으로 재산상의 손해가 발생했을 때 그 손해만큼의 배상이 이뤄진 경우 별도로 정신적 고통에 대한 손해 배상을 인정하고 있지 않습니다. 그렇지만 임차인이 재산적 손해의 배상만으로 회복될 수 없는 정신적 고통을 입었다는 특별한 사정이 있고, 임대인이 이와 같은 사정을 알았거나 알 수 있었을 경우가 인정된다면 위자료를 받을 수 있습니다(대법원 1994. 12. 13. 선고 93다59779 판결).

정신적 고통에 대한 손해 배상을 받는 게 쉽지 않다는 이야기일 뿐 아예 불가능하다는 건 아닙니다. 예를 들어서 윗집 사람이 누수 문제를 해결해 준다고 약속하고서는 이행을 계속 미루는 바람에 일상생활에 지장이 생겼거나, 제대로 수리하지 않아서 반복적으로 같은 문제가 발생했다면 위자료를 받아 낼 수도 있습니다.

윗집 사람에게 손해 배상 청구를 할 수 있는 방법으로는 일반 민사 소송, 소액 사건 심판 제도, 지급 명령 등이 있습니다. 만약 손해액이 3000만 원 이하라면 소액 사건 심판 제도를 이용하는 방법을 추천합니다. 일반 민사 소송은 절차가 어렵고 복잡하며, 지급 명령은 상대방의 이의 신청이 있을 시 대응이 쉽지 않기 때문입니다.

4

경비실에 맡겨진
택배가 없어졌다면
누구에게 따져야 하나요?

유튜버 남주 씨는 브이로그 촬영을 위해 큰맘 먹고 인터넷 쇼핑으로 초광각 렌즈를 구입했습니다. 그 렌즈는 크기는 작지만 100만 원이 넘는 고가였기 때문에 제품을 주문할 때 배송 요청란에 본인에게 물건을 직접 전달해 달라는 메시지를 남겼습니다.

그런데 며칠 뒤 야외에서 영상을 촬영 중이던 남주 씨에게 한 통의 문자 메시지가 도착했습니다. "택배는 경비실에 맡겨 두었습니다." 직접 전달해 달라고 신신당부했건만 결국 경비실에 맡겼다는 사실에 남주 씨는 화가 치밀었습니다. 하지만 '경비실에 맡겼다니 분실되지는 않겠지'라는 생각이 들어 참았습니다. 그리고 서둘러 집으로 돌아갔습니다.

그런데 경비실에 가 보니 남주 씨의 택배가 없다는 것이 아니겠습니까? 남주 씨는 택배 기사에게 전화를 걸었지만 기사는 분명히 경비실에 맡겼다고만 대답할 뿐이었습니다. 허망한 남주 씨는 이제 어떻게 해야 할까요?

택배가 없어지면 우리는 누구에게 따져야 할까요? 택배를 보낸 사람? 택배 기사? 경비실? 누구에게 배상 책임이 있는지를 알아야 따지더라도 잘 따질 수 있을 겁니다. 앞에서 소개한 남주 씨의 경우 분명히 직접 전달해 달라고 메시지를 남겼음에도 불구하고 택배 기사가 택배를 경비실에 맡겼기 때문에 제품을 안전하게 배송받지 못하게 되었는데요. 이런 경우 무턱대고 택배 기사에게 연락해 화내지 말고, 우선 인터넷 쇼핑몰에 잘못을 따지는 것이 좋습니다. 남주 씨 입장에서는 쇼핑몰을 통해 주문할 때 직접 전달해 달라고 입력한 메시지가 택배 기사에게 제대로 전달이 되었는지 알 수 없기 때문입니다.

또한 남주 씨는 택배 회사가 아닌 쇼핑몰과 계약을 맺은 것이기 때문에 먼저 쇼핑몰에 문의를 하는 것이 합리적입니다. 쇼핑몰은 고객이 구매한 물건을 안전하게 배송할 의무를 가지고 있으니까요. 그러므로 택배가 분실되었다는 사실을 쇼핑몰에 알리고 이에 대한 배상을 요구하면 됩니다. 만약 택배 회사에 잘못이 있다면 그 잘잘못은 쇼핑몰과 택배 회사가 가려서 배상을 주고받으면 되는 것입니다.

개인에게
제품을 구매한 경우라면?

또 다른 경우를 볼까요? 만약 남주 씨가 쇼핑몰이 아닌 개인에게서 제품을 구매한 것이라면 어떨까요? 즉 개인이 개인에게 보낸 택배가 분실된 것이죠. 직접 전달해 달라는 남주 씨의 메시지를 받았음에도 불구하고 남주 씨가 부재중이라는 이유로 택배 기사가 특별한 후속 조치를 취하지 않은 채 독단적으로 경비실에 맡겼다면 택배 분실에 대한 책임은 택배 회사가 져야 합니다. 소비자 분쟁 해결 기준을 보면 '인수자 부재 시 후속 조치 미흡으로 인해 피해'가 발생했다면 택배 회사가 소비자에게 손해 배상을 해야 한다고 되어 있습니다.

> **소비자 분쟁 해결 기준**
> [별표2] 품목별해결기준 60. 택배 및 퀵서비스업
> 5) 인수자 부재 시 후속조치 미흡으로 인한 피해: 운임 환급(선불 시) 및 손해 배상

남주 씨가 집에 없을 경우 택배 기사는 마음대로 경비실

에 맡길 것이 아니라 부재중 방문표를 남기고 물건을 다시 가지고 돌아가거나 소비자에게 연락하여 물건을 어떻게 처리할지 물어야 합니다. 이런 조치들이 취해졌을 때 택배 회사는 후속 조치 미흡으로 인한 손해 배상 책임을 면할 수 있습니다.

경비실의 택배 보관 의무를 확인하자

앞서 소개한 분실 사고는 남주 씨가 직접 수령하기를 원했던 경우입니다. 그런데 만약 남주 씨가 주문할 당시부터 택배를 경비실에 맡겨 달라고 했다면, 그래서 물건이 분실되었다면 책임은 누구에게 있을까요? 이런 경우 쇼핑몰 또는 택배 회사는 자신들의 의무를 다한 것이기 때문에 그들에게 배상을 요구할 수 없습니다. 그렇다면 따질 곳은 경비실밖에 남지 않습니다.

하지만 원칙적으로 경비실은 택배를 맡아 줄 의무가 없지요. 다만 택배 기사가 경비실로부터 택배 인수증을 받았고, 아파트와 경비 업체 간에 택배 보관에 대한 규정이 있다면 경비실에도 책임을 물을 수는 있습니다. 그러므로 무턱대고 경비 아저씨에게 따지지 말고, 먼저 경비실의 택배 보관 의무 여부를 관리 사무소에서 확인해 보세요.

안전하게 택배를 수령하는 방법

나 대신 택배를 받아 줄 사람이 하루 종일 집에 있거나 직장 또는 학교에서 직접 수령하지 않는 이상 100퍼센트 안전하게 택배를 받을 수 있는 방법은 없습니다. 확실한 택배 수령을 위해서는 본인이 직접 수령할 수 있는 날짜를 지정하여 쇼핑몰이나 택배 회사에 알려 주거나, 가능하다면 퀵서비스 배달을 이용할 것을 추천합니다. 퀵서비스 수령은 제가 애용하는 방법이기도 합니다.

그리고 부재 시 택배를 문 앞에 두거나 옆집, 또는 근처 편의점에 맡겨 달라는 요청은 하지 않는 것이 좋습니다. 타인은 여러분의 택배를 관리할 법적 책임이 없습니다. 그러므로 이렇게 요청하면 택배가 분실되었을 때 그에 대한 책임은 전적으로 소비자가 질 수밖에 없습니다.

소비자 분쟁 해결 기준에는 택배 분실에 대한 기준이 존재합니다. 그러므로 쇼핑몰과 택배 회사가 소비자의 정당한 요구를 받아들이지 않는다면 한국소비자원[8]에 피해 구제를 신청하기 바랍니다.

Part 4
흔들리는 잎새에도
괴로운 내 지갑

1

중고 거래 사기꾼을
어떻게 처벌해야 할까요?

남주 씨에게는 정말 갖고 싶은 카메라가 있었습니다. 그런데 그 카메라는 인터넷 최저가로 검색해도 너무 비싸서 결국 남주 씨는 중고 거래 사이트를 둘러보게 되었습니다. 그곳에서 때마침 구입하고 나서 포장도 풀지 않았다는, 새 상품이나 다름없는 물건을 판다는 게시물이 눈에 들어왔습니다. 가격도 인터넷 최저가의 반값 정도였습니다. 남주 씨는 뛸 듯이 기뻤습니다. 그리고 마음이 다급해졌지요. 다른 사람이 자신보다 먼저 그 물건을 구입할지도 모르니까요.

남주 씨는 당장 그 자리에서 판매자에게 연락했습니다. 그런데 확인해 보니 판매자와 남주 씨가 사는 지역이 너무 멀리 떨어져 있어서 택배 거래를 하기로 했습니다. 남주 씨는 물건 값도 일사천리로 입금해 주었지요. 그런데 약속한 3일이 지나도 택배가 도착하지 않는 겁니다. 남주 씨는 다시 판매자에게 연락을 취했습니다. 판매자는 카메라에 이상이 생겨서 수리를 맡겼으니 2주만 더 기다려 달라고 설명했습니다. 남주 씨는 불안했지만 일단 알겠다고 대답했습니다. 이미 돈을 부쳤으니 믿고 기다리는 수밖에요. 하지만 그 후로 판매자의 전화기는 꺼져 있고 문자 메시지에는 답이 없습니다. 남주 씨는 정말 사기를 당한 걸까요?

희망 고문은
사기꾼의 전형적인 수법

얼마간 기다려 달라는 부탁은 시간을 벌려는 전형적인 사기의 수법입니다. 2주가 지나도 카메라를 보내 주지 않을 확률이 높습니다. 사기가 원래 이렇습니다. 처음부터 연락을 딱 끊은 채 사라지는 사람도 있지만 상대가 신속하게 대처하지 못하도록 여지를 남기는 수를 쓰는 것이죠. 계속 물건을 보내 줄 것처럼 '희망 고문'을 하면서요.

> **형법 제347조(사기)**
> ① 사람을 기망하여 재물의 교부를 받거나 재산상의 이익을 취득한 자는 10년 이하의 징역 또는 2천만 원 이하의 벌금에 처한다.
> ② 전항의 방법으로 제삼자로 하여금 재물의 교부를 받게 하거나 재산상의 이익을 취득하게 한 때에도 전항의 형과 같다.

사기가 성립하려면 피의자가 상대방(피해자)을 속이고 이에 속은 피해자가 직접 돈이나 물건을 보내는 처분 행위가 있어야 합니다. 그리고 이를 통해 사기를 친 사람이 재산상의 이익을 취해야 하지요. 무엇보다 사기 행위에 대한 고의가 있어야 합니다. 처음부터 물건이나 돈을 줄 의사가 없었거나 물건이나 돈 자체가 아예 없었던 것처럼 말이죠. 남주 씨의 사례는 딱 여기에 해당하는 내용입니다.

하지만 처음부터 물건이나 돈을 떼먹으려는 의도가 있었던 것은 아니고 나중에 사정이 생겨서 주지 못한 것은 형법상 사기죄가 아닌, 채무 불이행으로 판단해야 할 경우도 있습니다. 독일은 채무불이행죄를 별도로 규정하고 있지만 우리나라는 단순한 채무 불이행을 처벌하는 규정은 없기 때문에 민사 문제에 불과합니다.

사기 피해 접수하는 법

일단 사기를 당했다는 생각이 들면 곧바로 경찰서로 달려가지 말고 4~5일 정도 기다리세요. 택배 배송이 지연된 것일 수도 있고, 상대가 정말 피치 못할 사정으로 보내지 못한 것일 수도 있으니까요. 바로 경찰서를 찾는다 해도 경찰 또한 조금 더 기다려 보자고 제안하는 경우도 있습니다.

4~5일 정도가 지났는데도 상황에 변화가 없다면 동네 파출소가 아닌, 현재 거주하는 지역을 관할하는 경찰서를 방문하여 진정서를 작성하세요. 온라인으로도 작성이 가능

하지만 직접 방문하는 것보다 오히려 시간이 오래 걸리고, 온라인 작성 후 결국 경찰서에 방문해 달라는 요청을 받게 되므로 기왕이면 처음부터 경찰서를 찾아가길 추천합니다. 미성년자인 경우 부모님과 동행하지 않아도 진정서 작성을 진행할 수 있습니다.

경찰서를 방문할 때 필요한 준비물은 연락을 주고받은 내역, 본인 신분증, 입금 자료입니다. 이때 입금 자료에는 자신이 얼마를 입금했는지 금액과 상대방의 계좌 정보가 나와 있어야 합니다. 온라인상에서 이 두 가지 정보가 확인이 안 된다면 신분증을 가지고 직접 은행 지점을 찾아가 이체 내역서를 발급받아야 합니다. "주고받은 연락 내용이나 입금 자료가 핸드폰 안에 다 있으니 이것만 가지고 수사하면 안 될까요? 제가 경찰서를 방문할 여유가 없는데 핸드폰 사진으로 찍어서 문자 메시지로 보내도 될까요?"라고 소극적으로 대응하지 말고 꼭 시간을 내서 경찰서를 방문하면 좋겠습니다. 수사에 필요한 준비물을 잘 마련해야 수사 결과도 신속하게 나올 수 있으니까요.

경찰서에서 진정서를 작성하자

경찰서 방문이 처음이라고 어렵거나 두려워할 필요 없습니다. 진정서 양식은 경찰서 민원실에 있으니 이 양식대로 작성하여 제출하면 됩니다. 그러고 나서 사이버범죄수사팀이나 경제수사팀을 찾아가 준비한 증거물들을 제출하고 진술서를 작성합니다. 어려울 것 없습니다. 우리가 익히 알고 있는 육하원칙에 따라 기재하면 됩니다. 꼭 들어가야 하는 내용은 언제, 어느 사이트에서, 어떤 게시물을 보고, 얼마를 입금하였는지입니다.

수사 진행 상황은 우편이나 문자 메시지로 받아 볼 수 있습니다. 그러므로 본인의 연락처가 누락되거나 잘못 기재되지 않도록 주의하세요. 이렇게 진술서 작성까지 완료했다면 귀가하면 됩니다. 피의자가 대포폰이나 대포통장을 사용한 게 아니라면 쉽게 검거할 수 있으며, 설혹 사용했더라도 얼마든지 수사가 가능하니 인내심을 가지고 기다리면 되겠습니다.

사기당한 돈을 되돌려 받는
세 가지 방법

1. 합의

돈을 돌려받을 수 있는 방법은 세 가지가 있는데 먼저 합의금이 있습니다. 사기죄는 친고죄나 반의사불벌죄가 아니기 때문에 합의가 이루어졌어도 처벌을 면할 수는 없습니다. 하지만 합의가 되면 형사 처벌 수위를 낮출 수는 있지요. 여기서 친고죄는 고소가 있어야만 처벌이 가능한 범죄이며, 반의사불벌죄는 피해자의 명시적인 의사에 반하여 처벌할 수 없는 범죄를 의미합니다. 그래서 사기꾼이 피해자에게 합의금을 주는 경우가 많습니다. 물론 합의는 강제되는 사안이 아니기 때문에 피해자가 반드시 합의금을 받을 수 있는 건 아닙니다.

그러니 경찰서 앞에서 "30분 내로 입금 안 하면 신고할 거예요! 콩밥 먹을 준비나 하세요!"라고 협박하지 말고 차분하게 상대방이 먼저 연락하기를 기다리세요. 합의 요청을 받으면 원활한 수사를 위해 담당자에게 이 사실을 알리고 피해 금액과 소정의 위자료를 받은 후 합의서를 작성하면 됩니다. 이때 위자료를 과하게 요구하면 합의가 어려워

질 수 있으니 적당한 선을 판단하면 되겠습니다.

만약 상대방이 "지금 당장 가진 돈이 이것밖에 없다. 우선 이거라도 받고 합의서를 써 주면 나머지도 금방 주겠다"라고 제안했더라도 민·형사상 책임을 모두 묻지 않겠다는 내용의 합의서를 작성하면 안 됩니다. 형사상 합의와 달리 민·형사상 합의를 할 경우 남은 피해금 역시 받을 수 없는 상황에 처할 수 있기 때문에 이런 경우에는 형사상 합의만 기재하는 것이 바람직합니다.

2. 배상 명령

합의가 이루어지지 않았다면 그다음 방법으로 배상 명령이 있습니다. 검거된 자가 기소되고 재판까지 받게 되면 1심이나 2심 소송 절차에서 변론이 종결될 때까지 그 기간 안에 배상 명령 신청서를 법원에 제출하면 됩니다. 다른 양식과 마찬가지로 담당자의 도움을 받아 필요한 칸을 채우면 됩니다. 하지만 이 배상 명령을 신청했다고 해도 무조건 받을 수 있는 건 아닙니다. 재판부가 여러 이유로 신청을 인정하지 않을 수도 있으니까요. 그러면 이제 마지막 방법인 민사 소송으로 넘어가야 합니다.

3. 민사 소송

일반인에게 민사 소송은 익숙하지 않습니다. 그러다 보니 인터넷상에 돌아다니는 잘못된 정보를 바탕으로 소송을 진행하다가 비용과 시간을 허비하는 경우가 많습니다. 민사 소송을 고려한다면 전문가의 도움을 받는 것이 좋습니다.

안전하게 중고 거래하는 법

사실 가장 중요하고 안전한 방법은 처음부터 이런 문제가 발생하지 않도록 조심하는 것입니다. 그러므로 저는 중고 거래를 할 때 직거래를 권장합니다. 판매자와 구매자가 직접 만나서 물건에는 하자가 없는지 정확하게 확인한 후 값을 치르는 것이 가장 안전하니까요. 직거래가 두려우시다면 친구나 지인과 직거래 장소에 함께 나가거나 직거래 장소를 사람들로 북적거리는 카페나 마땅한 곳이 없으면 경찰서 민원실로 잡으세요. 서로 간에 거리가 멀지 않다면 판매자도, 구매자도 거절할 이유가 없으니까요.

　직거래가 불가능하다면 안전 거래를 이용한 택배 거래도 좋은 방법입니다. 물론 수수료가 발생한다는 단점이 있지요. 좀 더 싸게 구입하려고 중고 거래를 이용하는 건데 수수료가 발생한다면 부담스러울 수 있습니다. 하지만 안전한 거래의 대가라면 기꺼이 지불할 만하다고 생각합니다. 어쨌든 사기를 당하는 금액보단 적을 테니까요.

원포인트
법알못✕
가이드✕

중고 거래 사이트에서 사기를 친 사람 중 많은 이가 사기 범행을 반복한다고 합니다. 일종의 약물 중독처럼 말이죠. 그러므로 상대방의 연락처를 받으면 온라인상에서 전화번호로 사기 내역을 확인해 보는 것이 좋습니다. 사기 내역을 조회해 볼 수 있는 대표적인 사이트로 더치트[9], 경찰청 사이버안전국[10], 각종 포털 사이트 등이 있습니다.

2

보이스 피싱을 당했는데
도대체 무엇부터 해야 할까요?

평소와 다름없던 어느 날 오전 11시, 남주 씨의 어머니인 영희 씨는 한 통의 전화를 받았습니다. 전화기 너머에서 "당신의 아들을 데리고 있으니 몸을 상하지 않게 하려면 1000만 원을 당장 입금해!"라는 거친 목소리가 튀어나왔습니다. 그 이야기를 들은 영희 씨는 처음에 코웃음을 쳤습니다. '우리 남주는 대학교까지 입학한 어엿한 성인인데 납치라니?'라는 생각이 들었거든요.

그런데 전화기 너머로 "엄마! 엄마!"라며 자신을 애타게 찾는 20대 남자의 울먹이는 목소리가 새어 나오는 게 아니겠어요? 그 순간 영희 씨는 정말 남주 씨가 납치됐을 수도 있겠다는 생각에 사로잡혔습니다. 그러자 두근두근 가슴이 터질 듯 뛰기 시작했지요.

전화기 속 납치범은 경찰에 신고하면 아들의 신체 일부분을 잘라서 보내 주겠다고 협박하며 당장 돈을 입금하라고 다그쳤습니다. 영희 씨는 일단 알겠다고 대답하고 통화를 마쳤지요. 하지만 차마 경찰에 신고하지 못하고 대신 남주 씨에게 전화를 걸었습니다. 그런데 남주 씨는 전화를 받지 않았어요. 영희 씨는 혹시나 싶어 그 뒤로 10번을 연속해서 전화했지만 여전히 남주 씨와 연결이 되지 않았습니다.

이제 영희 씨는 아들이 정말로 납치됐다는 생각에 사로잡혀서 제정신을 차릴 수 없었습니다. 그래서 남주 씨의 원룸 건물 주인에게 연락해 자초지종을 설명하고 남주 씨가 방에 있는지 확인해 달라고 부탁했죠. 건물 주인은 남주 씨의 방문을 두드렸지만 아무런 대답이 없었습니다. 애가 탄 영희 씨는 주인에게 여벌 열쇠로 잠긴 문을 열고 들어가 확인해 달라고 부탁했습니다.

그렇게 방으로 들어간 건물 주인은 기가 찼습니다. 남주 씨는 친구들과 밤새 술을 마시고 깊은 잠에 빠져 있었기 때문이죠. 이 사실을 전해들은 영희 씨는 아들이 무사한 것에 한 번, 보이스 피싱에 속지 않고 돈도 송금하지 않은 것에 또 한 번, 안도의 한숨을 내쉬었습니다.

진화하는 보이스 피싱

남주 씨 사례는 사실 저와 제 어머니의 이야기입니다. 어머니는 전화기를 통해 들려온 20대 남성의 우는 목소리가 분명히 제 것이 아니라고 생각했대요. 그러면서도 한편으로 '혹시?'라는 불안감이 솟구쳤다고 합니다. 한번 불안하기 시작하자 걷잡을 수 없는 감정에 사로잡혔고 결국 보이스 피싱범이 요구하는 돈을 송금할 뻔했습니다. 자식의 안전을 두고 도박을 할 수 없는 부모의 마음을 이용한 아주 더러운 수법이지요. 저는 어머니에게 무척 죄송했고 실제로 크게 혼이 나기도 했습니다. 하지만 이 사건을 계기로 부모님의 연락을 잘 받고 제가 먼저 자주 연락을 드리게 되었으니 긍정적인 영향도 없지 않습니다. 그야말로 '더럽게 고마운' 범죄자들이 아닐 수 없습니다.

남주 씨의 어머니가 당할 뻔한 보이스 피싱 수법은 10여 년 전에 자주 쓰이던 것입니다. 시대가 변하면서 피싱 수법들도 진화하고 있습니다. 과거에는 전화 통화와 목소리만으로 피해자들을 '낚았다면' 이제는 각종 스마트 기기를 이용하기 때문에 더 속이기 쉬워졌습니다. PC와 스마트폰을 해킹하여 개인 정보를 빼낸 뒤 카카오톡과 같은 온라인 메신저로 가족에게 돈을 요구하는가 하면, 검사나 경찰 공무원을 사칭하면서 당신의 예금 또는 통장이 범죄에 연루되었으니 수사를 위해 다른 계좌로 송금하라고 요구하기도 합니다. 심지어 이들은 검찰, 경찰 재직 증명서와 명함 사진을 위조하여 피해자들을 안심시키고 감쪽같이 속이죠.

게다가 범인들은 해킹을 통해 피해자의 개인 정보를 많이 확보했기 때문에 노인뿐 아니라 20~30대 젊은 사람들도 피해를 입고 있습니다. 피해자의 PC와 스마트폰에 해킹 프로그램이 설치되는 방식은 다양한데요. 대표적으로 어떤 이벤트에 당첨이 되었다면서 링크가 포함된 문자 메시지를 보낸다든지, 특정 앱 설치를 유도하는 메시지를 보냅니다. 최근에는 유튜브 댓글 이벤트에 당첨되었으니 개인 정보를 전송해 달라는 방식도 늘고 있습니다.

피싱 범죄의 피해자가 되지 않으려면 안전하지 않은 링크를 누르거나 확인되지 않은 앱을 설치하면 안 됩니다. 함부로 개인 정보를 입력해서 전송하는 일도 없어야겠죠. 개인 정보가 유출되면 본인뿐 아니라 가족과 지인들에게까지 피해가 미칠 수 있다는 사실을 명심하세요. 많은 사람이 '그래도 나는 안 당하겠지?'라고 마음을 놓고 있지만 실제 피해자들 대다수가 이런 생각을 가졌습니다.

그리고 보이스 피싱범들의 말투가 이상할 것이라는 편견은 버리세요. 과거에는 조선족이나 외국인이 어눌한 한국말로 전화를 걸었지만 지금은 취업난에 시달리는 청년들이 피싱 범죄에 연루되어 피해자들에게 전화를 거는 일도 많아졌기 때문입니다. 한편으로는 안타까운 현실이기도 하네요.

피싱 범죄에 대처하는 골든 타임

피싱 범죄는 연락부터 입금까지 전 과정이 급박하게 이뤄지고, 범인들은 일부러 더욱 피해자를 정신없게 만듭니다. 그래서 아무리 조심하면서 사는 사람이라도 자신도 모르는 사이에 부지불식간에 피해를 입고 말지요. 그러므로 예방도 중요하지만 피싱 피해를 당했을 때 어떻게 대처해야 하는지 잘 알아야 합니다.

1. 피해자 구제 신청

우리나라 법 중에는 보이스 피싱 등의 사기 범죄 피해자를 구제하기 위해 전기통신금융사기 피해방지 및 피해금 환급에 관한 특별법이 있습니다. 이 법의 제3조에 따르면 피싱 피해자는 금융 회사에 지급 정지를 신청할 수 있습니다. 그러니까 피싱범에게 속아 돈을 송금했다고 하더라도 그 계좌의 거래를 중지시켜 돈을 보존할 수 있는 것입니다. 정상적으로 지급 정지가 됐다면 금융감독원이 2개월 동안 채권 소멸 절차를 공고합니다. 그리고 그 기간이 지나면 피해 금액을 14일 내로 피해자에게 환급해 주고 있지요.

그러므로 피싱범에게 깜빡 속아 돈을 입금해 주었다면, 혹은 조금이라도 의심이 된다면 서둘러 피해자 구제 신청을 해야 합니다. 최근에는 큰 금액이 이체될 경우 확인 차 은행에서 당사자에게 먼저 연락하거나 지급 정지를 시키는 경우도 있지만 이것만 기다릴 수는 없습니다. 피싱 범죄에 대한 조치는 속도가 생명입니다.

전기통신금융사기 피해방지 및 피해금 환급에 관한 특별법 제3조

① 피해자는 피해금을 송금·이체한 계좌를 관리하는 금융회사 또는 사기이용계좌를 관리하는 금융회사에 대하여 사기이용계좌의 지급정지 등 전기통신금융사기의 피해구제를 신청할 수 있다.

② 제1항에 따라 피해구제의 신청을 받은 금융회사는 다른 금융회사의 사기이용계좌로 피해금이 송금·이체된 경우 해당 금융회사에 대하여 필요한 정보를 제공하고 지급정지를 요청하여야 한다.

2. 부당 이득 반환과 손해 배상 청구

피해자 구제 신청을 했지만 지급 정지가 되지 않았거나 이미 돈이 빠져 나가 버린 경우에는 어떻게 해야 할까요? 이렇게 되면 사실 돈을 되찾기 굉장히 힘들어지지만 그렇다고 아예 방법이 없는 것은 아닙니다. 우선 이체한 계좌(범인의 계좌)에 잔고가 남아 있다면 민법 제741조에 따라 부당 이득에 대한 반환을 청구할 수 있습니다.

만약 범행에 사용된 계좌가 범인의 것이 아니라 누군가가 빌려준 것이라면 이 계좌 명의인에게도 공동 불법 행위의 책임을 물어 어느 정도 손해 배상을 청구할 수 있습니다. 자신의 계좌가 범죄에 이용될지 모르고 별생각 없이 빌려줬다고 하더라도 공동 불법 행위자로서 책임을 져야 해요. 그러므로 다른 사람이 대출을 받기 위한 용도라거나 계좌를 빌려주는 대가로 돈을 준다고 하더라도 절대로 자신의 계좌를 빌려주는 일은 없어야 하겠습니다. 자신의 계좌나 카드를 타인에게 대여 또는 양도 등의 행위를 할 경우 전자금융거래법 위반으로 처벌받게 되니 각별히 주의하시기 바랍니다.

민법 제741조(부당이득의 내용)

법률상 원인 없이 타인의 재산 또는 노무로 인하여 이익을 얻고 이로 인하여 타인에게 손해를 가한 자는 그 이익을 반환하여야 한다.

민법 제760조(공동불법행위자의 책임)

① 수인이 공동의 불법행위로 타인에게 손해를 가한 때에는 연대하여 그 손해를 배상할 책임이 있다.

② 공동 아닌 수인의 행위 중 어느 자의 행위가 그 손해를 가한 것인지를 알 수 없는 때에도 전항과 같다.

③ 교사자나 방조자는 공동행위자로 본다.

전자금융거래법 제6조(접근매체의 선정과 사용 및 관리)

③ 누구든지 접근매체를 사용 및 관리함에 있어서 다른 법률에 특별한 규정이 없는 한 다음 각 호의 행위를 하여서는 아니 된다. 다만, 제18조에 따른 선불전자지급수단이나 전자화폐의 양도 또는 담보제공을 위하여 필요한 경우(제3호의 행위 및 이를 알선하는 행위는 제외한다)에는 그러하지 아니하다.

1. 접근매체를 양도하거나 양수하는 행위

2. 대가를 수수(授受)·요구 또는 약속하면서 접근매체를 대여받거나 대여하는 행위 또는 보관·전달·유통하는 행위

3. 범죄에 이용할 목적으로 또는 범죄에 이용될 것을 알면서 접근매체를 대여받거나 대여하는 행위 또는 보관·전달·유통하는 행위

4. 접근매체를 질권의 목적으로 하는 행위

5. 제1호부터 제4호까지의 행위를 알선하거나 광고하는 행위

3. 경찰 신고

앞서 소개한 방법들과는 별개로 당연히 경찰에 신고도 해야 합니다. 다만 경찰에 신고했으니 내 할 일은 끝났다고 생각하면 안 됩니다. 피해 당사자가 문제를 해결하려는 노력과 의지가 있어야 피해가 복구될 가능성도 높아지니까요.

원포인트
법알못
가이드

사람은 걱정과 불안이 앞서면 판단력이 흐려집니다. 하물며 자식에게 큰일이 닥쳤을지도 모른다는 생각에 사로잡힌 부모는 말할 것도 없겠죠. 저도 보이스 피싱에 당할 뻔한 어머니에게 핀잔을 주었습니다. 돌이켜보면 좀 더 친절하게 설명하고 안심시켜 드리지 못한 것이 너무 후회가 됩니다.

　기술이 발전하면서 피싱 수법도 진화하는데 중장년층 이상의 세대는 이런 사정을 잘 모르는 경우가 많습니다. 여러분도 지금 당장 부모님이나 지인에게 전화를 걸어 피싱 예방법을 설명해 주면 어떨까요? 어쩌면 부모들이 피싱 피해를 많이 입는 이유는 자식들과의 소통이 부족해서인지도 모르겠습니다. 저부터 지금 당장 연락을 드려야겠네요.

3

솔직한 리뷰가 죄?
업체로부터 고소를 당했다면
어떻게 해야 할까요?

남주 씨는 여러 브랜드의 화장품을 리뷰하는 뷰티 유튜버입니다. 항상 직접 사용해 본 뒤 솔직하게 리뷰하기 때문에 시청자들에게 신뢰와 인기를 얻고 있지요. 그러던 어느 날, A 사의 수분 크림을 리뷰하기 위해 몇 차례 발랐더니 얼굴이 따갑고 트러블이 생기기 시작했습니다. 남주 씨는 리뷰도 리뷰지만 자신의 구독자들도 같은 피해를 입게 될까 봐 걱정이 되었습니다. 그래서 "A 사의 B 수분 크림을 사용할 때 피부 트러블을 조심하세요!"라는 제목으로 영상을 제작했습니다. 이 영상은 금세 수십만의 조회 수를 기록했지요. 그런데 일주일 뒤, 남주 씨는 A 사로부터 내용 증명을 받았습니다. 명예훼손죄와 업무방해죄에 대한 민·형사상 책임을 질 수 있으니 3일 내로 영상을 삭제하라는 요구였지요. 남주 씨는 기가 차고 어이가 없었습니다. 내가 직접 경험한 내용으로 영상을 제작해서 있는 그대로 솔직하게 리뷰했을 뿐인데 법적 책임을 져야 한다고? 남주 씨는 이 영상을 삭제해야만 하는 걸까요?

적법한 표현의 자유는 막을 수 없다

최근 유튜브뿐 아니라 배달 앱에 남긴 댓글이나 포털 사이트 블로그에 올린 리뷰로 인해 소비자가 업체로부터 고소를 당하거나 법적 조치를 취하겠다는 경고를 받는 사례가 많이 발생하고 있습니다. "튀기다가 만 닭이 배달됐다" "이 장비는 이런저런 기능이 별로다"처럼 부정적인 댓글과 리뷰가 매출과 판매량의 저하로 이어질 것을 걱정하기 때문이지요. 우선 유튜버, 블로거, 그 밖의 소비자들이 어떤 법 조항에 근거해 고소를 당하는지 살펴봐야겠죠?

고소 사유 ❶ 업무방해

가장 대표적으로 형법 제314조 업무방해가 있습니다.

> **형법 제314조(업무방해)**
> 허위의 사실을 유포하거나 기타 위계 또는 위력으로써 사람의 업무를 방해한 자는 5년 이하의 징역 또는 1천 500만 원 이하의 벌금에 처한다.

이 조항에 의한 처벌을 받지 않으려면 어떻게 해야 할까요? 말 그대로 허위의 사실을 유포하지 않으면 됩니다. 그러므로 자신이 직접 경험한 사실만을 말한다면 업무방해죄에는 해당하지 않지요. "이 제품을 직접 사용해 보니 피부에 트러블이 생겼다. 아마 이런 성분 때문일 것 같은데 똑같은 문제가 생길 수 있으니 구매하기 전에 잘 알아보아야 한다"와 같은 의견은 자신의 경험을 기반으로 한 사실이잖아요. 이러한 내용을 말한다고 해서 업무방해죄로 처벌받지 않습니다. 쉽죠? 만약 본인이 사실만을 말했음에도 불구하고 업무방해죄로 고소를 당했다면 크게 걱정할 필요 없습니다.

고소 사유 ❷ 명예훼손

또 다른 고소 사유로 명예훼손이 있습니다. 영상, 댓글, 포스트와 게시물은 대부분 정보 통신망을 이용하는 것이기 때문에 정보통신망법 제70조를 참고해야 합니다.

정보통신망법 제70조(벌칙)

① 사람을 비방할 목적으로 정보통신망을 통하여 공공연하게 사실을 드러내어 다른 사람의 명예를 훼손한 자는 3년 이하의 징역 또는 3천만 원 이하의 벌금에 처한다.

② 사람을 비방할 목적으로 정보통신망을 통하여 공공연하게 거짓의 사실을 드러내어 다른 사람의 명예를 훼손한 자는 7년 이하의 징역, 10년 이하의 자격정지 또는 5천만 원 이하의 벌금에 처한다.

위 조항을 살펴보면 업무방해와는 다른 점이 있습니다. 있는 그대로의 사실을 말하면 업무방해죄에 해당하지 않지만, 아무리 사실이더라도 비방의 목적이 있다고 인정되면 명예훼손죄가 성립될 수 있습니다. "아니, 내가 내 돈 주고 산 제품이 정말 별로여서 피해를 입었는데 사람들에게 이 사실도 알릴 수 없는 건가?"라는 생각이 들 수 있습니다. 그리고 업체는 이 조항을 믿고 고소나 경고를 진행하는 경우가 많습니다. 하지만! 대법원 판례를 보면 현실은 업체가 원하는 대로만 흘러가지 않는다는 사실을 알 수 있습니다 (대법원 2012. 11. 29. 선고 2012도10392 판결).

§

관련 판례 요약

1. 인터넷을 통한 물품 및 서비스에 대한 정보 교환의 필요성이 크기 때문에 사업자에게 불리한 글을 게시하는 행위가 비방의 목적인지는 더더욱 신중하게 판단해야 한다.

2. 이용한 모든 사람이 만족할 수는 없으므로 영리 목적으로 서비스를 제공하는 사람은 불만이 있는 소비자들을 어느 정도 수인하여야 한다.

3. 인터넷 이용자들의 자유로운 정보 및 의견 교환에 따른 이익은 공익을 위한 것이므로 큰 가치를 지닌다.

앞서 설명한 것처럼 내가 쓴 글이나 말한 내용이 사실이어도 비방의 목적이 인정된다면 처벌받을 수 있습니다. 하지만 이 판례에 따르면 소비자 보호가 더 중요하기 때문에 불확실한 허위 정보를 포함하지 않고 사실에 근거한 내용만 리뷰한다면 그 행동이 아무리 사업자에게 피해를 주더라도 업체가 원하는 대로 리뷰어를 처벌하기는 힘듭니다.

그러므로 "이러다가 고소당하는 거 아냐?"라고 지레 걱정하지 말고 자신의 경험에 근거한 사실만 글과 영상에 담으면 됩니다. 혹여나 업체로부터 고소나 경고가 날아오면 정당한 소비자의 입을 막으려 하지 말라고 대답해 줍시다.

그래도 사실을 바탕으로 한 솔직한 리뷰어와 업체에게 피해를 주기 위해 일부러 악성, 비방 리뷰를 남기는 블랙 컨슈머Black Consumer는 구분해야 합니다. 후자의 경우 업체에 피해를 주려는 의도가 명백하기 때문에 업무방해 및 명예훼손으로 처벌받는 것은 물론 손해 배상도 해야 합니다. 이 책을 읽고서 "아, 아무렇게나 리뷰해도 되겠구나!"라고 생각하거나 마음을 놓으면 절대 안 됩니다.

4

"절대 환불 불가"를 외치는
상점 주인에게
세련되게 환불받는 법

평소 모자를 즐겨 쓰는 '패피' 남주 씨! 오늘도 홍대 앞 길거리를 걷다가 어느 상점에서 마음에 쏙 드는 모자를 발견했습니다. 남주 씨는 이런 물건을 발견한 자신의 센스에 감탄하며 그 자리에서 현금으로 계산하고 모자를 샀습니다. 그런데 집에 들어가서 모자를 자세히 살펴보니 뒷부분의 솔이 뜯어져 있는 것을 발견했습니다.

남주 씨는 부랴부랴 그길로 다시 홍대로 달려갔습니다. 그리고 가게 주인에게 모자를 내밀며 환불을 해 달라고 했지요. 주인은 모자 가판대에 붙어 있는 표지를 가리켰습니다. 거기에는 '교환 및 환불 불가'라는 글씨가 선명하게 적혀 있었습니다. 물론 남주 씨도 모자를 구매할 때 그 표지를 보긴 봤습니다. 그리고 가게 주인에게 다시 한 번 안내도 받았지요. 하지만 불과 3시간 전에 산 모자도 환불이 안 된다고 하니 분통이 터질 수밖에요. 남주 씨는 이대로 물러서야 할까요?

무조건 교환 및 환불이
되는 것은 아니다

돈을 지불하고 산 제품을 다른 것으로 교환하거나 환불하는 일은 소비자의 정당한 권리입니다. 그렇지만 물건을 판 가게 입장에서 소비자의 교환 및 환불 요구를 일정한 규정 없이 무조건 받아들여야 한다면 그것대로 문제가 되겠죠. 그러므로 이번에는 어느 경우에 환불이 가능한지 유형별로 살펴보겠습니다.

별도의 의사 표시가 중요하다

백화점이나 규모가 큰 매장에서 구매했다면 대부분 7일 이내에 교환이나 환불이 가능합니다. 하지만 거리의 로드 숍 같은 곳에서는 "이러저러한 이유 때문에 교환 및 환불 불가입니다"라는 설명을 한 번쯤 들어 보았을 겁니다. 백화점에서는 쉽고 간단하게 교환 및 환불이 되는데, 왜 로드 숍처럼 작은 가게와 상점에서는 안 되는 경우가 많을까요?

> **소비자기본법 제16조(소비자 분쟁의 해결)**
>
> ① 국가 및 지방자치단체는 소비자의 불만이나 피해가 신속·공정하게 처리
>   될 수 있도록 관련기구의 설치 등 필요한 조치를 강구하여야 한다.
> ② 국가는 소비자와 사업자 사이에 발생하는 분쟁을 원활하게 해결하기 위
>   해 대통령령이 정하는 바에 따라 소비자분쟁해결기준을 제정할 수 있다.
> ③ 제2항의 규정에 따른 소비자분쟁해결기준은 분쟁당사자 사이에 분쟁해
>   결방법에 관한 별도의 의사표시가 없는 경우에 한하여 분쟁해결을 위한
>   합의 또는 권고의 기준이 된다.

소비자기본법에 따르면 소비자와 사업자 사이의 분쟁 해결을 위해 대통령령으로 해결 기준을 제정할 수 있는데요. 이에 따르면 소비자가 구입한 제품이 사이즈가 맞지 않거나 단순 디자인이나 색상에 불만이 있을 경우 제품의 손상이 없는 한 7일 이내에 교환 및 환불을 할 수 있다고 정해 놓았습니다. 그렇다면 교환과 환불을 해 주지 않는 상점은 법을 무시하는 걸까요?

그렇지는 않습니다. 앞선 규정의 제3항을 보면 "별도의 의사 표시가 없는 경우"에 분쟁 해결을 위한 합의나 권고의 기준이 적용 가능하며 이 또한 어디까지나 합의나 권고의 기준일 뿐 강제력은 없는 것입니다.

그럼 "별도의 의사 표시"는 무엇일까요? 특별한 무엇일

거라고 생각하기 쉽지만 사실 여러분이 무심코 지나쳤을 것들입니다. 교환이나 환불이 불가하다는 내용에 관한 매장 직원의 안내, 영수증에 적힌 문구, 매장 한곳에 붙어 있는 표지가 그것입니다. 여러분은 설명이나 문구를 가벼이 여기고 흘려들었을지 모르지만 판매자나 상점 입장에서는 소비자에게 충분히 별도의 의사 표시를 한 것이므로 소비자가 이 매장에서 제품을 구입하는 행위는 이에 동의한 것으로 볼 수 있습니다. 그러므로 판매자나 판매처가 교환 및 환불을 해 주지 않아도 법을 무시하는 게 아닌 거죠.

물론 물건을 구입할 때 그 어디에도 교환 및 환불 불가 문구가 적혀 있지 않고, 그 누구에게도 이에 대한 설명을 듣지 못했다면 얼마든지 7일 이내 교환 및 환불을 요구할 수 있습니다. 다만 한 가지 문제라면, 앞서 설명한 것처럼 소비자 분쟁 해결 기준이 합의나 권고 사항이기 때문에 사업자가 고객의 요구를 무조건 들어줄 의무는 없다는 것입니다. 그러므로 반드시 환불을 받고 싶은데 매장에서 끝까지 해 주지 않는다면 한국소비자원에 피해 구제를 청구하는 방법을 추천합니다.

> **소비자분쟁해결기준 제2조**
> 분쟁당사자간에 합의가 이루어지지 않을 경우 분쟁당사자는 중앙행정기관의 장, 시·도지사, 한국소비자원장 또는 소비자단체에게 그 피해구제를 청구할 수 있다.

온라인 구매는
비교적 교환 및 환불이 쉽다

온라인 구매는 오프라인 구매와 상황이 매우 다릅니다. 왜냐하면 온라인의 경우 교환 및 환불에 대한 규정이 명확하게 있기 때문입니다. 이것은 권고나 합의의 기준이 아니라 반드시 지켜져야 하는 규정입니다.

> **전자상거래법 제17조(청약철회 등)**
> ① 통신판매업자와 재화 등의 구매에 관한 계약을 체결한 소비자는 다음 각 호의 기간(거래당사자가 다음 각 호의 기간보다 긴 기간으로 약정한 경우에는 그 기간을 말한다) 이내에 해당 계약에 관한 청약철회 등을 할 수 있다.
> 1. 제13조 제2항에 따른 계약내용에 관한 서면을 받은 날부터 7일. 다만, 그 서면을 받은 때보다 재화 등의 공급이 늦게 이루어진 경우에는 재화 등을

공급받거나 재화 등의 공급이 시작된 날부터 7일.

2. 제13조 제2항에 따른 계약내용에 관한 서면을 받지 아니한 경우, 통신판매업자의 주소 등이 적혀 있지 아니한 서면을 받은 경우 또는 통신판매업자의 주소 변경 등의 사유로 제1호의 기간에 청약철회 등을 할 수 없는 경우에는 통신판매업자의 주소를 안 날 또는 알 수 있었던 날부터 7일.

3. 제21조 제1항 제1호 또는 제2호의 청약철회 등에 대한 방해 행위가 있는 경우에는 그 방해 행위가 종료한 날부터 7일.

위에 소개한 규정은 좀 복잡해 보입니다. 간단하게 설명하면 제품을 수령한 지 7일이 지나지 않았다면 반품, 교환, 환불을 받을 수 있다는 내용입니다. 소비자의 잘못으로 제품의 가치가 떨어지지 않았다면 단순히 마음이 바뀐 것만으로도 얼마든지 가능하죠.

온라인과 오프라인의 상황이 이처럼 다른 이유는 소비자를 더 잘 보호하기 위해서입니다. 오프라인 매장에서 제품을 구매할 때에는 직접 눈으로 보고 손으로 만져 보고 사양을 확인할 수 있지만 온라인상에서는 사진이나 영상만으로 확인해야 합니다. 그래서 온라인 구매가 오프라인보다 올바른 판단을 내리기 힘듭니다.

SNS를 통해 가짜 광고가 범람하는 요즘, 이런 규정이 있어도 소비자들의 피해 사례는 갈수록 느는 실정입니다.

그런데 이런 규정마저 없다면 소비자들이 입을 피해는 상상을 초월할 것입니다. 그러므로 온라인상에서 "우리는 절대 교환 및 환불 불가입니다!"라고 명시되어 있어도 효력이 없음을 명심하세요.

전자상거래법 제35조(소비자에게 불리한 계약의 금지)
제17조부터 제19조까지의 규정을 위반한 약정으로서 소비자에게 불리한 것은 효력이 없다.

**원포인트
법알못
가이드** ---

수많은 사업자들이 앞에서 설명한 규정을 제대로 알지 못합니다. 그러므로 교환 및 환불 요구에 대해 사업자가 무턱대로 안 된다고 하면 감정적으로 대응해 문제를 더 어렵게 만들지 말고, 앞서 소개한 내용을 차분히 알려 주세요. 그러면 조금 더 쉽게 해결될 것입니다. 아니면 이 책을 권하는 것도 좋은 방법이겠네요!

5
사용하지 않은 헬스장 회원권을
환불할 수 있을까요?

여름이 다가오면 길거리에는 헬스장 회원 모집 전단지를 나눠 주는 사람들이 눈에 띄게 늘어납니다. 아니나 다를까, 오늘도 남주 씨는 한 블록을 걸으면서 네다섯 장을 받게 되었는데요. 최근 들어 남주 씨는 살이 좀 쪄서 스트레스를 받던 차였습니다. 그래서 몇 장의 전단지를 들여다봤더니 "초대박 할인 행사! 지금 3개월 등록하면 한 달에 3만 원!"이라는 문구가 눈에 들어왔습니다. 게다가 할인 행사를 하는 이 헬스장은 집에서 그리 멀지 않은 곳이더라고요. 남주 씨는 그 길로 헬스장을 찾아가 3개월을 등록했습니다.

하지만 한 달 후, 남주 씨의 게을러진 몸이 운동을 거부하고 나섰습니다. 어쩔 수 없이 운동을 포기하기로 했는데요. 그렇게 결심하고 보니 남은 두 달치 헬스장 회원권이 아까웠지요. 그래서 헬스장을 찾아가 환불을 요청했습니다. 그랬더니 "회원님이 등록할 당시에는 할인 행사 기간이었기 때문에 환불은 불가능"하다는 설명을 들었습니다. 남주 씨는 이대로 두 달치 헬스장 회원권을 포기해야 할까요?

많은 헬스장이 활용하는
특별 프로모션

여러분도 한 번쯤 길거리에서 헬스장 광고 전단지를 나눠주는 '훈남, 훈녀' 트레이너들을 본 적 있을 겁니다. 그리고 전단지에는 대개 '지금 등록하면 무조건 할인!'이라는 문구가 여러분을 유혹했을 거고요. 그렇게 헬스장을 찾아가서 상담을 받으면 주로 이런 안내를 받는 경우가 많습니다.

"고객님께서 한 달 등록하시면 10만 원이지만 세 달 이상을 끊으시면 개월당 3만 원으로 할인 혜택을 받으실 수 있어요. 그럼 3개월에 9만 원이면 되죠."

한 달 끊으면 10만 원이지만 세 달 끊으면 9만 원이라는데 누가 한 달만 끊으려 할까요? 헬스장도 마찬가지입니다. 연말연시나 휴가철 직전처럼 사람들이 운동에 관심을 많이 가지는 시기에 더 많은 회원을 유치해야 하기 때문에 이런 프로모션을 진행합니다.

하지만 헬스장을 장기간 등록해도 꾸준히, 그리고 끝까지 다니는 경우가 많지 않습니다. 저도 마찬가지지만 정말 소수에 불과하지요. 운동을 시작하고 한 달쯤 지나면 열심히 하려던 결심과 의지가 많이 사라지고 말지요. '한 달 열심히 했으니까 며칠만 쉬어도 되겠지'라는 생각이 우리를 약하게 만듭니다. 그렇게 며칠의 휴식이 계속 늘어나면서 결국 운동을 포기하게 되지요. 그런데 운동을 포기했다고 해서 3개월을 끊은 회원권까지 포기한 건 아닙니다. 더 이상 헬스장을 이용하고 싶지 않은 소비자 입장에서는 이쯤 되면 남은 날수의 회원권을 환불받고 싶다는 마음이 커질 겁니다.

환불해 주지 않으려는 헬스장의 억지

헬스장을 찾아 환불 이야기를 꺼내면 주로 이런 이야기를 듣게 됩니다.

"3개월 할인 행사 때 등록하신 분들은 환불이 안 됩니다. 이 내용은 회원님께서 저희 헬스장에 가입하실 때 약관에 있는 거고요. 그러니 이제 와서 이러시면 곤란하죠. 게다가 저희 헬스장은 한 달 이용료가 10만 원이라고 안내해 드렸죠? 그렇기 때문에 여태까지 이용하신 금액이 이미 지불한 9만 원보다 많아요. 그런데 지금 가입을 해지하시면 오히려 위약금까지 내서야 할 수도 있어요. 그럼 오히려 회원님께서 손해세요."

뭔가 그럴듯한 설명이죠? 많은 분들이 이런 설명을 듣고 금방 수긍하며 발길을 돌렸을 겁니다. 하지만 저 설명은 틀렸습니다. 단도직입적으로 설명하면 얼마든지 환불받을 수 있습니다.

소비자분쟁해결기준 56. 체육시설업, 레저용역업 및 할인회원권업(3개 업종) 소비자의 귀책사유로 인한 계약해제

개시일 이전 총 이용금액의 10% 공제 후 환급

개시일 이후 취소 일까지의 이용 일수에 해당하는 금액과 총 이용금액의 10% 공제 후 환급

* 총 이용금액이란 이용자가 사업자에게 계약 시 정한 실 거래금액을 말하며, 계약금·입회금·가입비·부대시설 이용료 등의 금액을 모두 포함한다. 다만, 보증금은 포함되지 않는다.

위의 소비자 분쟁 해결 기준에 따르면 소비자가 헬스장을 이용하다가 별다른 사유 없이 계약을 해제해도 여태까지 사용한 날에 해당하는 금액과 총 이용 금액의 10퍼센트를 공제한 금액을 환불받을 수 있습니다. 그리고 총 이용 금액은 여러분이 헬스장에 등록할 때 지불한 금액을 말하는 것이기 때문에 원래 한 달 이용료가 얼마인지와 상관없

이 실제 지불한 금액을 기준으로 계산하면 됩니다.

　남주 씨가 다닌 헬스장의 경우 한 달 이용료가 10만 원이지만 남주 씨가 실제로 지불한 금액은 3개월에 9만 원이었는데, 한 달만 이용했기 때문에 한 달 이용 금액인 3만 원과 총 이용 금액의 10퍼센트인 9000원을 제외한 총 5만 1000원에 대해 환불을 요구할 수 있답니다.

　만약 여러분이 헬스장에 가입할 때 10퍼센트 이상의 위약금이나 약관의 환불 불가 규정에 동의를 했다고 해도 약관의 규제에 관한 법률에 따라 불공정한 약관 내용은 무효가 될 가능성이 높기 때문에 환불은 당연한 것입니다. 그리고 계약 당시 반환 기준에 대해 서로 합의가 없었다면 여러분은 환불 신청을 하고 나서 3일 이내에 환불을 받을 수 있습니다.

★ 9만 원(총 이용 금액) - 3만 원(취소일까지의 이용 일수에 해당하는 금액) - 9000원(총 이용 금액의 10%) = 5만 1000원(환불 금액)

환불을 거부하는 헬스장을 압박하는 방법

세상 모든 일이 규정대로 해결되지는 않습니다. 헬스장에서 여러분의 환불 요구를 끝까지 거절했나요? 여러분만 거절 당한 게 아니니 억울해 마세요! 한국소비자원에는 여러분처 럼 헬스장 이용료 환불 거절에 대한 피해 사례가 많기 때문 에 피해 구제를 신청할 수 있습니다. 피해 구제를 신청하면 조정 과정을 통해 환불받을 수 있는 기회를 얻게 됩니다. 게다가 이를 지자체에 신고할 경우 헬스장 사업자는 과태 료 등 행정 처분을 받을 수도 있죠. 이렇게까지 했는데 끝 까지 환불을 거부하는 헬스장 사업자는 거의 없을 겁니다.

**원포인트
법알못×
가이드**

한국소비자원 홈페이지를 방문하면 피해 구제 신청 절차가 아주 상세하게 안내되어 있습니다. 내 권리를 주장하고 싶 지만 이런 일은 처음이라 꺼려진다고요? 혼자서도 얼마든 지 피해 구제 신청이 가능하다는 걸 깨닫게 될 겁니다.

Part 5
언제까지 당하고만
있을 줄 알았니?

1

선생님에게 압수당한 핸드폰을
무사히 돌려받을 수 있을까요?

요즘 학원 특강이 겹치면서 더욱 바빠진 고3 수험생 남주 군. 오늘은 학교 수업을 마치면 어머니가 자가용으로 학원까지 데려다 주기로 했습니다. 그런데 오늘따라 담임 선생님의 종례가 길어지네요. 아무리 3학년이라지만 교실 청소가 너무 엉망이라며 학급 아이들에게 단단히 주의를 주고 있습니다.

남주 군의 학교에서는 수업 중에 핸드폰을 꺼 놓는 것이 학칙입니다. 평소 남주 군도 잘 지키고 있고요. 하지만 이렇게 종례가 길어지다 보니 남주 군은 학교 밖에서 마냥 기다리고 있을 어머니가 걱정되었습니다. 그래서 종례가 길어지고 있다는 메시지라도 보내기 위해 살그머니 핸드폰 전원을 켰지요. 그런데 하필이면 담임 선생님의 눈과 딱 마주쳤지 뭐예요? 담임 선생님은 가차 없이 남주 군의 손에 들린 핸드폰을 압수했습니다. 그리고 졸업할 때 찾아가라고 으름장을 놓았지요. 곤란해진 남주 군은 학원 특강과 어머니가 기다리고 계시다고 자초지종을 설명하며 용서를 구했지만 선생님은 요지부동이었습니다. 이대로 남주 군은 핸드폰을 포기해야 할까요?

학교에서 핸드폰은
가능한 사용하지 말자

세세한 학칙은 다르겠지만 대부분의 학교에서 수업 중 학생들의 핸드폰 사용을 금지하고 있습니다. 이건 당연한 거예요! 핸드폰을 만지는 소수의 학생들을 통제하지 못하면 선생님뿐만 아니라 나머지 학생들에게도 피해가 가니까요. 천재지변처럼 반드시 연락이 필요한 순간이 아니라면 선생님 앞에서, 특히 수업이나 종례처럼 선생님에게 주목해야 할 때에 핸드폰으로 딴짓을 하는 일은 잘못된 행동입니다.

물론 남주 군의 상황도 이해가 안 되는 건 아니지만 이런 식으로 모든 학생의 편의를 봐주면 그로 인해 더 큰 피해가 생길 수 있습니다. 무엇보다 당시 남주 군이 반드시 핸드폰을 만져야 하는 예외적인 상황에 처했던 건 아니라고 생각합니다. 그렇다면 압수 자체는 정당할까요?

1 선생님에게 압수당한 핸드폰을 무사히 돌려받을 수 있을까요?

초·중등교육법 제18조(학생의 징계)

① 학교의 장은 교육상 필요한 경우에는 법령과 학칙으로 정하는 바에 따라 학생을 징계하거나 그 밖의 방법으로 지도할 수 있다. 다만, 의무교육을 받고 있는 학생은 퇴학시킬 수 없다.

② 학교의 장은 학생을 징계하려면 그 학생이나 보호자에게 의견을 진술할 기회를 주는 등 적정한 절차를 거쳐야 한다.

초·중등교육법에 명시되어 있는 것처럼 학교는 학칙에 따라 학생에게 징계를 내리거나 그 밖의 방법으로 지도할 수 있습니다. 학칙에 근거가 있고, 학생이나 보호자에게 의견을 제시할 기회를 충분히 제공했다면 소지품 압수는 정당한 행위입니다. 결국 선생님들이 학생들을 괴롭히려고, 혹은 고통을 주려고 압수하는 게 아니라는 거지요.

누군가는 선생님의 소지품 압수가 형법 제333조 강도죄에 해당된다고 주장하기도 합니다. 하지만 상식적으로도 선생님이 강도는 아니죠!

다만 무조건적인 압수는 인권 침해다

하지만 무조건적인 소지품 압수는 문제가 있습니다. 왜냐하면 학생의 핸드폰을 압수할 경우 헌법과 국제 인권 조약에 보장된 사생활 비밀의 자유, 재산권, 통신의 자유를 침해할 소지가 있기 때문입니다.

우리 헌법 제37조 제2항에 따르면 국민의 모든 자유와 권리는 국가 안전 보장, 질서 유지 또는 공공복리를 위한 경우에 한하여 법률로써 제한할 수 있습니다. 그리고 제한하는 경우에도 자유와 권리의 본질적인 내용을 침해할 수는 없지요. 그러므로 학생의 소지품을 압수할 때에는 학생들의 기본권을 최소한으로 침해하여야 합니다.

게다가 초·중등교육법 제18조 4항에 따르면 학생의 인권이 침해당하는 것을 방지하기 위해 학교의 설립자·경영자와 교장은 헌법과 국제 인권 조약에 명시된 학생의 인권을 보장해야 합니다. 이러한 내용은 각 교육청에서 제정한 학생 인권 조례에서도 확인할 수 있습니다. 조례란 간단히 설명하면 다른 법들과 마찬가지로 반드시 지켜야 할 성문화된 규정입니다. 이 학생 인권 조례는 지역별로 차이가 있지만 소지품 압수에 관한 내용들은 비슷비슷합니다. 그래서 경기도 학생 인권 조례를 대표로 살펴보겠습니다.

경기도 학생 인권 조례 제12조 제1항에 따르면 학생은 부당한 간섭 없이 개인 물품을 소지·관리하는 등 사생활의 자유를 가질 수 있습니다. 즉 이 규정 또한 학생의 사생활과 자유를 보장하는 것입니다. 또한 제4항에 따르면 학교는 학생의 핸드폰 소지 자체를 금지해서는 안 됩니다. 다만 수업 시간 등 정당한 사유와 제18조의 절차에 따라 학생의 핸드폰 사용 및 소지를 규제할 수는 있습니다.

그러니까 압수가 가능하다 할지라도 기본적으로 학생의 소지품 소유에 대한 자유를 보장하고 있기에 학교는 기본권 침해를 최소화하는 방향으로 학칙을 제정하거나 개정합니다. 국가인권위원회 또한 핸드폰을 압수하는 행위는 통신의 자유를 침해하는 것이기 때문에 핸드폰 사용 전면 제한 규정을 점검하고 개정하도록 권고한 바 있습니다.

대화로 푸는 것이 가장 현명하다

제가 만든 유튜브 영상 중 '선생님에게 압수당한 물건을 돌려받을 수 있나요?'라는 내용의 영상은 무려 20만 명이 넘는 사람이 시청했습니다. 그리고 이 영상 때문에 학칙이 바뀐 학교도 몇 군데 있습니다. 그 학교의 학생들은 무턱대고 선생님을 찾아가 "학생의 소지품 압수 행위는 법적으로 문제가 있으니 어서 돌려주세요!"라며 따지지 않았습니다.

그보다는 학생 회의를 열고 학교와의 대화를 통해 무조건적인 압수와 무기한 압수는 법적으로 어떤 문제가 있는지 의견을 나누었습니다. 그리고 학생, 학부모, 선생님 모두가 만족할 수 있는 규칙을 정했습니다. 그러니까 혹시라도 이 책을 읽고 무작정 선생님을 찾아가 따지거나 떼를 쓰는 학생은 없기를 바랍니다.

여전히 많은 학생이 압수당한 소지품을 돌려받기 위해 국가인권위원회에 신고하는 방법을 선택합니다. 실제로 그렇게 해서 소지품을 돌려받은 경우도 많고요. 하지만 그런 강압적인 방법보다는 앞에서 소개한 것처럼 학생 회의나 학교와의 공식적인 대화를 통해 원만한 해결 방법을 찾는 것이 더 낫지 않을까요? 그래야 학교와 그 외의 교육 현장에서 학생은 더 존중받고 선생님은 더 존경받을 테니까요.

학교에서 쉬는 시간 이외에 핸드폰을 사용하는 것은 선생님뿐 아니라 같은 반 학우들에게도 피해를 주는 일입니다. 실제로 많은 학생이 수업 중 핸드폰을 사용하는 학생에 대해 큰 불만을 가지고 있습니다. 그러므로 압수와 같은 불미스러운 상황을 피하기 위해서라도 사용이 허락된 시간에만 핸드폰을 사용하도록 합시다.

2

생각만으로도 치가 떨리는
학교 폭력, 법적 해결 방안은
무엇일까요?

2017년 9월 부산에서 여중생 집단 폭행 사건이 발생했습니다. 여러 학생이 쇠파이프, 소주병, 담뱃불을 이용해 한 학생에게 큰 상해를 입혔는데요. 피해 학생은 얼굴의 여러 부위가 찢어져서 봉합해야 했고 수혈이 필요할 정도로 출혈도 심했다고 합니다. 그런데 폭행의 이유는 고작 '태도 불량'이었습니다. 가해 학생들의 수법은 성인 범죄만큼 잔혹했지만 나이가 어리다는 이유로 가벼운 처벌을 받았습니다.

이 사건을 계기로 소년법 개정을 촉구하는 국민의 목소리가 커졌습니다. 학교 폭력은 옛날이야기라고 여겼던 사람들도 이 사건을 지켜본 이후 학교 폭력의 심각성을 깨닫고 걱정하기 시작했습니다. 하지만 학교 폭력에 대한 우려와 경각심은 금방 사그라졌고, 지금 이 순간에도 학교 폭력으로 고통받는 학생이 많습니다. 이들에게 조금이나마 도움이 되고자 학교 폭력에 대해 어떤 식으로 대처하면 좋을지 설명하겠습니다.

학교 폭력이란 무엇인가?

학교폭력예방 및 대책에 관한 법률 제2조(정의)

1. "학교폭력"이란 학교 내외에서 학생을 대상으로 발생한 상해, 폭행, 감금, 협박, 약취·유인, 명예훼손·모욕, 공갈, 강요·강제적인 심부름 및 성폭력, 따돌림, 사이버 따돌림, 정보통신망을 이용한 음란·폭력 정보 등에 의하여 신체·정신 또는 재산상의 피해를 수반하는 행위를 말한다.

1의 2. "따돌림"이란 학교 내외에서 2명 이상의 학생들이 특정인이나 특정 집단의 학생들을 대상으로 지속적이거나 반복적으로 신체적 또는 심리적 공격을 가하여 상대방이 고통을 느끼도록 하는 일체의 행위를 말한다.

1의 3. "사이버 따돌림"이란 인터넷, 핸드폰 등 정보통신기기를 이용하여 학생들이 특정 학생들을 대상으로 지속적, 반복적으로 심리적 공격을 가하거나, 특정 학생과 관련된 개인정보 또는 허위사실을 유포하여 상대방이 고통을 느끼도록 하는 일체의 행위를 말한다.

학교폭력예방 및 대책에 관한 법률에서는 꽤 구체적으로 '학교 폭력'을 정의하고 있습니다. '폭력'이란 단어를 생각하면 물리적인 폭행만 떠올리는 경우가 많은데 이 규정을 보면 심부름이나 따돌림 같은 행위도 학교 폭력의 범위 안에 들어갑니다.

학교 폭력에는 특별한 이유가 없다

교육부에서 공개한 〈2018년 2차 학교폭력 실태조사 표본
조사〉 결과를 보면 학교 폭력 발생 원인 중 1위는 '단순한
장난(30.8%)', 2위는 '특별한 이유 없음(20.6%)'입니다. 한 학
생에게 엄청난 고통을 줄 수 있는 학교 폭력의 절반 이상이
별다른 원인 없이 발생하는 것이죠. 아무리 이유가 없다고
하더라도 남에게 신체적·정신적 고통을 준 이상 그냥 넘어
갈 수 없습니다. 그러므로 학교 폭력으로 피해를 입었다면
가해 학생이 정당한 징계나 처벌을 받도록 적절한 대처를
해야 합니다.

단호한 법적 해결이 효과적이다

그렇다면 학생들이 생각하는 효과적인 대처 방법은 무엇일
까요? 위의 조사에 따르면 학생들은 대처 방법을 묻는 질
문에 '선생님에게 알린다(39.9%)' '가해자에게 하지 말라고
한다(31.7%)' '117 학교 폭력 신고 센터에 알린다(11.0%)' 순
으로 응답했습니다. 저는 개인적으로 가해 학생에게 하지

말라고 이야기한 후 개선되지 않으면 형사 고소를 하는 것이 가장 효과적이라고 생각하는데, 학생들의 의견과는 차이가 있는 것 같네요.

물론 선생님에게 학교 폭력 사실을 알려서 해결된다면 가장 좋겠지만 현실적으로 그것만으로는 해결이 쉽지 않습니다. 가해 학생 중에는 선생님을 무시하거나 학교 폭력 자치 위원회를 크게 신경 쓰지 않은 학생들이 있기 때문입니다. 그러므로 저는 처음부터 법적 대처를 해야 한다고 생각합니다.

학교 폭력은 법적으로 해결이 가능합니다. 그렇지만 해당 학생의 나이에 따라 상황이나 처벌 수준이 달라지기 때문에 구분해서 설명하도록 하겠습니다.

먼저 가해자가 14세 미만일 경우에는 형사 처벌을 할 수 없고, 10세 미만인 경우 소년 보호 처분조차도 할 수 없습니다. 그렇지만 민사 소송은 할 수 있으니 법정 대리인을 상대로 민사 소송을 제기하여 신체적·정신적 치료에 들어간 비용과 위자료를 청구할 수 있습니다.

가해자가 10세 이상 14세 미만이라면 가해자가 14세 미만인 까닭에 형사 처벌이 어렵더라도 10세 이상이기 때문에 소년법에 따라 보호 처분을 받을 수 있습니다. 소년법에서는 19세 미만의 경우 가정 법원 소년부 판사가 필요하다고 판단하면 보호 처분을 결정할 수 있다고 되어 있습니다. 보호 처분은 소년법 제32조에 규정되어 있습니다.

소년법 제32조(보호처분의 결정)

① 소년부 판사는 심리 결과 보호처분을 할 필요가 있다고 인정하면 결정으로써 다음 각 호의 어느 하나에 해당하는 처분을 하여야 한다.

1. 보호자 또는 보호자를 대신하여 소년을 보호할 수 있는 자에게 감호 위탁

2. 수강명령

3. 사회봉사명령

4. 보호관찰관의 단기(短期) 보호관찰

5. 보호관찰관의 장기(長期) 보호관찰

6. 「아동복지법」에 따른 아동복지시설이나 그 밖의 소년보호시설에 감호 위탁

7. 병원, 요양소 또는 「보호소년 등의 처우에 관한 법률」에 따른 소년의 료보호시설에 위탁

8. 1개월 이내의 소년원 송치

9. 단기 소년원 송치(단기는 6개월 이내)

10. 장기 소년원 송치(장기는 2년 이내)

마지막으로 가해자가 14세 이상일 경우에는 앞에서 소개한 보호 처분과 함께 형사 처벌도 가능합니다. 그러니까

범죄를 저지른 자가 14세 이상의 소년인 경우 검사 또는 법관이 소년부 송치 결정을 하면 소년 보호 처분을 받을 수도 있지만, 성인과 똑같은 정식 형사 재판을 받을 수도 있습니다. 물론 성인과 똑같은 처벌을 받는다는 뜻은 아닙니다. 아래 규정에서 확인할 수 있는 것처럼 장기와 단기로 나뉘어 성인과는 다른 처벌을 받습니다.

소년법 제60조(부정기형)

① 소년이 법정형으로 장기 2년 이상의 유기형(有期刑)에 해당하는 죄를 범한 경우에는 그 형의 범위에서 장기와 단기를 정하여 선고한다. 다만, 장기는 10년, 단기는 5년을 초과하지 못한다.

② 소년의 특성에 비추어 상당하다고 인정되는 때에는 그 형을 감경할 수 있다.

③ 형의 집행유예나 선고유예를 선고할 때에는 제1항을 적용하지 아니한다.

④ 소년에 대한 부정기형을 집행하는 기관의 장은 형의 단기가 지난 소년범의 행형(行刑) 성적이 양호하고 교정의 목적을 달성하였다고 인정되는 경우에는 관할 검찰청 검사의 지휘에 따라 그 형의 집행을 종료시킬 수 있다.

이처럼 여러분이나 여러분의 가족, 친구가 학교 폭력의 피해를 입었을 때 선생님과 학교 폭력 자치 위원회에만 의

존할 필요는 없습니다. 아무리 가해 학생이 미성년자라 할 지라도 학교 폭력을 법적으로 해결할 수 있는 방법이 있으므로 경찰에 알리는 방법을 반드시 고려해야 합니다.

원포인트
법앞못×
가이드×

우리나라의 교육 당국은 학교 폭력 대처법으로 '신고'를 권장하고 있습니다. 또한 실제로 피해 사실을 학교와 선생님에게 알리기보다는 경찰에 신고하는 학생이 늘고 있습니다. 이처럼 학교 폭력 사건을 경찰에 알리기를 주저하면 안 됩니다. 이는 여러분의 정당한 권리입니다. 이러한 조치를 과잉 대응이라고 평하는 사람이 있다면 그 사람부터 의심해봐야 합니다. 피해 학생이 부당한 체제에 순응한 채 조용히 넘어가기만을 바라고 있을지도 모르니까요.

3

아르바이트 급여를
제대로 받을 수 있는
근거와 방법은 무엇인가요?

남주 씨의 오랜 꿈은 영국으로 어학연수를 떠나는 것입니다. 이 꿈을 이루기 위해 남주 씨는 일주일에 5일, 편의점 야간 아르바이트를 하면서 자금을 모았습니다. 어느덧 아르바이트를 시작한 지 1년이 지났고, 남주 씨가 계산해 보니 그동안 모은 돈과 퇴직금을 더하면 목표 자금에 도달할 수 있었습니다.

이제 일은 그만두고 어학연수 준비에 집중하기로 결심했습니다. 그래서 사장에게 자신의 계획과 사정을 설명하고 퇴직금을 부탁했습니다. 그런데 남주 씨의 예상과 달리 사장은 퇴직금을 줄 수 없다고 말했습니다. 편의점에서 아르바이트를 시작할 때 계약서도 작성하지 않았고, 초반 3개월은 수습 기간이기 때문이라고 하면서요.

남주 씨는 그동안 휴일 근무나 '땜빵' 근무에 대한 추가 임금을 받지 않았지만 별다른 항의를 하지 않았어요. 하지만 퇴직금마저 줄 수 없다는 사장의 고약한 심보에 참았던 화가 폭발하고 말았습니다. 그동안 미지급된 휴일 근무 수당과 퇴직금을 달라고 요구하면서 사장과 언쟁을 벌였지요. 과연 남주 씨는 사장으로부터 추가 수당과 퇴직금을 받아낼 수 있을까요?

여전한 악덕 고용주의 횡포

저는 법률 정보 콘텐츠를 제작하는 일을 하기 때문에 사람들이 어떤 부당한 일을 겪는지에 관심이 많습니다. 그래서 가끔 편의점에 가면 아르바이트생에게 시급은 제대로 받고 있는지, 주휴 수당은 잘 받고 있는지 물어보곤 합니다. 그러면 정말 놀랍게도 최저 시급에 준하여 제대로 급여를 받고 있는 사람이 의외로 적습니다.

평소에 손님이 적어서 다른 데보다 일이 적다거나 3개월의 수습 기간을 둔다는 핑계로 최저 시급보다 적은 시급을 주는 곳이 있는가 하면, 아르바이트 계약서를 작성할 때 고용주는 주휴 수당을 지급하지 않고 고용자도 받지 않겠다는 조항을 넣어서 당당하게 주휴 수당을 주지 않는 곳도 있습니다. 요즘 같은 시대에 아직도 이런 사장이 많다는 사실을 확인할 때마다 정말 황당할 따름입니다. 이런 사장을 만나 원래 받아야 할 급여를 받지 못했다면 이제 가만히 참고 있지만 마십시오. 제가 여러분의 정당한 권리와 그 권리를 되찾는 방법을 설명하겠습니다.

연장·야간 및
휴일 근무에 대한 보상

여기서 '휴일'이란 달력에 표시된 빨간 날이 아니라 애초에 일을 하지 않기로 되어 있는 날을 의미합니다. 원래는 수요일에 출근하지 않지만 당일 아르바이트생에게 급한 일이 생겨 대신 근무했다면, 그날은 평일이어도 추가 수당을 받을 수 있습니다. 추가로 일을 하면 추가 수당을 받는 것이 너무도 당연한데 실제로는 받지 못하는 경우가 많습니다.

우리 법 규정에는 야간 근로 또는 휴일 근로의 경우 평소 임금의 50퍼센트를 추가해서 받게 되어 있습니다. 앞으로는 원래 일하기로 한 날이나 시간대가 아닌데도 근무를 했다면 꼭 체크해서 추가 수당을 받길 바랍니다. 다만 이 조항은 아쉽게도 5인 미만의 소규모 사업장에서 근무하는 경우에는 해당하지 않습니다. 만약 자신이 5인 미만 사업장에서 근무하는데 추가 수당을 받았다면 그 사업장의 사장은 여러분과 다른 직원들을 소중하게 여기는 분이 아닐 수 없습니다.

근로기준법 제56조(연장·야간 및 휴일 근로)

① 사용자는 연장근로(제53조·59조 및 제69조 단서에 따라 연장된 시간의 근로를 말한다)에 대하여는 통상임금의 100분의 50 이상을 가산하여 근로자에게 지급하여야 한다.

② 제1항에도 불구하고 사용자는 휴일근로에 대하여는 다음 각 호의 기준에 따른 금액 이상을 가산하여 근로자에게 지급하여야 한다.

    1. 8시간 이내의 휴일근로: 통상임금의 100분의 50

    2. 8시간을 초과한 휴일근로: 통상임금의 100분의 100

③ 사용자는 야간근로(오후 10시부터 다음 날 오전 6시 사이의 근로를 말한다)에 대하여는 통상임금의 100분의 50 이상을 가산하여 근로자에게 지급하여야 한다.

주휴 수당에 대한 보상

근로자는 일주일에 정해진 일수나 시간만큼 일을 하면 사용자에게 유급 휴일을 받을 수 있습니다. 근로자는 근로기준법 제55조에 의하면 일주일에 평균 1회 이상의 유급 휴일을 받을 수 있죠. 주휴 수당은 이 유급 휴일에 대해서 지급하는 수당을 말합니다.

> **근로기준법 제18조(단시간근로자의 근로조건)**
> ③ 4주 동안(4주 미만으로 근로하는 경우에는 그 기간)을 평균하여 1주 동안의 소정근로시간이 15시간 미만인 근로자에 대하여는 제55조와 제60조를 적용하지 아니한다.
>
> **근로기준법 제55조(휴일)**
> ① 사용자는 근로자에게 1주에 평균 1회 이상의 유급휴일을 보장하여야 한다.
> ② 사용자는 근로자에게 대통령령으로 정하는 휴일을 유급으로 보장하여야 한다. 다만, 근로자대표와 서면으로 합의한 경우 특정한 근로일로 대체할 수 있다.
>
> **근로기준법 시행령 제30조(휴일)**
> ① 법 제55조 제1항에 따른 유급휴일은 1주 동안의 소정근로일을 개근한 자에게 주어야 한다.

주휴 수당이 적용되는 단시간 근로자의 조건은 앞에 있는 근로기준법 제18조 제3항에 명시 되어 있습니다. 그래서 1주 동안의 소정 근로 시간이 15시간 미만인 경우에는 주휴 수당을 받을 수 없지만 그 이상이면 모두 주휴 수당이 발생합니다. 다만 근로기준법 시행령 제30조 제1항에 따라서 1주 동안의 소정 근로일을 개근하지 않으면 주휴 수당을 못받을 수 있으니 받으려면 힘들어도 참고 개근해야겠죠? 이 이야기를 듣고 '일도 안 했는데 돈을 받는다고?'라고 생각했다면 잘못된 것입니다. 이 유급 휴가와 주휴 수당은 일주일 동안의 노동에 대한 정당한 대가이니까요.

주휴 수당을 지급하지 않는 사업주들은 주로 "4대 보험을 들었기 때문에 주휴 수당을 제외하는 것"이라며 "어차피 그게 그거다"라고 합니다. 이런 설명을 들었다면 일단 줄 것은 다 주고 내역을 보면서 설명해 달라고 요구하세요. 그리고 내역상 지급되지 않은 부분이 있다면 고용노동부[11]에 임금 체불 진정을 신청하세요. 더불어 자신이 근무한 사업장의 본사가 따로 있다면 그곳으로 연락해 "주휴 수당을 못받아서 고용노동부에 신고하러 가는 길입니다"라고 안내해 주세요. 그러면 더 신속하게 해결할 수도 있습니다.

퇴직금을 받을 수 있는 경우들

여러분이 4주 동안 근무한 시간을 평균했을 때 일주일 평균 근무 시간이 15시간 이상이고 1년 이상 근무했다면 퇴직금을 받을 수 있습니다. 비정규직이어도, 4대 보험에 가입되지 않았어도, 근로 계약서를 작성하지 않았어도 받을 수 있습니다. 근무 기간 1년을 채우지 못하고 퇴사하거나 도중에 휴직 기간이 있지 않다면요.

여러 포털 사이트에서 '퇴직금 계산기'를 검색하면 수월하게 퇴직금을 계산할 수 있는 프로그램 및 사이트를 찾아볼 수 있습니다.* 퇴직금 역시 주휴 수당과 마찬가지로 여러분의 정당한 권리입니다. 만약 받지 못했다면 고용노동부에 진정을 신청하세요.

받지 못한 임금 때문에 사장과 감정적으로 다투기보다는 고용노동부를 이용하는 것이 빠르고 효율적이라고 생각합니다. "Business is business!" 어디까지나 일은 일이니까요.

---

* 퇴직금 계산 방법은 다음과 같습니다.
  1일 평균 임금 × 30 × 재직 일수 ÷ 365 = 퇴직금

4

직장 선배의 괴롭힘을
견디지 못하겠으면
퇴사하는 수밖에 없나요?

2018년 2월, 서울 시내의 한 대학 병원에서 근무하다가 병원 내에 존재하는 악습을 견디지 못하고 세상을 떠난 간호사가 있습니다. 바로 고故 박선욱 씨입니다. 유족들은 선욱 씨가 '태움'이라는 것을 당했다고 주장하고 있습니다. 태움이란 선임 간호사가 후임을 재가 될 때까지 태우면서 병원 업무와 생활을 가르치는 것을 의미합니다.

그런데 이 태움 문화로 인해서 안타까운 선택을 한 사람은 선욱 씨만이 아닙니다. 2019년 1월, 서울 소재의 한 병원에서 간호사로 근무하던 고 서지윤 씨도 직장 내 괴롭힘 때문에 자살을 선택했습니다. 유서에는 "우리 병원 사람들은 조문을 거부한다"고 적혀 있었습니다. 직장 동료가 얼마나 싫었으면 이런 글을 적었을까요. 심지어 전라남도의 한 대학 병원에서는 태움 문화 때문에 두 명의 간호사가 2005년과 2006년, 연이어 세상을 떠나기도 했습니다.

병원은 사람의 생명을 다루는 어렵고 고된 근무 환경이기 때문에 어느 곳보다 철저하고 호되게 가르치는 것은 이해합니다. 하지만 목숨을 끊은 한 간호사는 자신의 언니에게 이렇게 하소연했습니다. "밥도, 물도 못 먹게 했고 커피를 타다가 넘쳤다고, 가만히 걷는데 신발에서 소리가 난다고 혼났다"라고 말이죠. 이것은 가해자들이 피해자에게 업무적인 지적을 한 것이 아니라 쓸데없는 부분을 트집 잡고 괴롭힌 것입니다.

'태움'은 모든 직장인의 문제다

앞에서 소개한 태움 문화는 간호사들만의 문제가 아닙니다. 태움이라는 용어가 쓰이지 않을 뿐이지, 수많은 회사에서 직장 내 괴롭힘이 계속되고 있으니까요. 현재 직장 내 괴롭힘으로 큰 고통과 스트레스를 받는 직장인들과 앞으로 직장 생활을 하게 될 이들을 위해 한 가지 중요한 정보를 드리고자 합니다. 2019년 7월부터 시행된 근로기준법과 산업재해보상보험법의 새로운 조항이 바로 그것입니다. 관련 규정을 아는 것과 모르는 것은 일상과 직장 생활을 해 나가는 데 있어 매우 큰 차이가 있습니다.

직장 내 괴롭힘은
법으로 금지되어 있다

근로기준법 제76조의2(직장 내 괴롭힘의 금지)
사용자 또는 근로자는 직장에서의 지위 또는 관계 등의 우위를 이용하여 업무상 적정범위를 넘어 다른 근로자에게 신체적·정신적 고통을 주거나 근무 환경을 악화시키는 행위(이하 "직장 내 괴롭힘"이라 한다)를 하여서는 아니 된다.

근로기준법 제76조의 3(직장 내 괴롭힘 발생 시 조치)

① 누구든지 직장 내 괴롭힘 발생 사실을 알게 된 경우 그 사실을 사용자에게 신고할 수 있다.

② 사용자는 제1항에 따른 신고를 접수하거나 직장 내 괴롭힘 발생 사실을 인지한 경우에는 지체 없이 그 사실 확인을 위한 조사를 실시해야 한다.

③ 사용자는 제2항에 따른 조사 기간 동안 직장 내 괴롭힘과 관련하여 피해를 입은 근로자 또는 피해를 입었다고 주장하는 근로자(이하 "피해근로자 등"이라 한다)를 보호하기 위하여 필요한 경우 해당 피해근로자 등에 대하여 근무장소의 변경, 유급휴가 명령 등 적절한 조치를 하여야 한다. 이 경우 사용자는 피해근로자 등의 의사에 반하는 조치를 하여서는 아니 된다.

④ 사용자는 제2항에 따른 조사 결과 직장 내 괴롭힘 발생 사실이 확인된 때에는 피해근로자가 요청하면 근무장소의 변경, 배치전환, 유급휴가 명령 등 적절한 조치를 하여야 한다.

⑤ 사용자는 제2항에 따른 조사 결과 직장 내 괴롭힘 발생 사실이 확인된 때에는 지체 없이 행위자에 대하여 징계, 근무장소의 변경 등 필요한 조치를 하여야 한다. 이 경우 사용자는 징계 등의 조치를 하기 전에 그 조치에 대하여 피해근로자의 의견을 들어야 한다.

⑥ 사용자는 직장 내 괴롭힘 발생 사실을 신고한 근로자 및 피해근로자 등에게 해고나 그 밖의 불리한 처우를 하여서는 아니 된다.

위 조항들은 2019년 7월 16일부터 새로 시행된 근로기준법 제76조의2, 3입니다. 먼저 제76조의2에는 직장 내 괴롭힘이라는 단어가 정확하게 명시되어 있고 이를 하지 말라고 단정하고 있습니다. 그러니까 커피 못 탄다고, 신발 소리 낸다고 태움 같은 걸 하지 말라는 거죠.

제76조3의 제1~5항에 따르면 직장 내 괴롭힘이 발생한 사실을 알게 되면 누구라도 사용자에게 신고할 수 있습니다. 그러면 사용자는 지체 없이 조사해야 합니다. 피해 근로자의 의견을 듣고 이에게 적절한 조치를 취해야 하며 피해자를 괴롭힌 이에 대해 징계를 주거나 근무 장소를 변경하는 등의 조치도 취해야 합니다. 그리고 제6항에 따르면 신고자나 피해 근로자에게 해고나 불리한 처우를 하면 안 됩니다. 이 조항을 무시하면 제109조에 따라 3년 이하의 징역이나 3000만 원 이하의 벌금을 받습니다. 그러니까 우리 법은 사용자에게 형사 처벌을 받지 않으려면 피해 근로자를 부당하게 대우하지 말고 나쁜 짓을 저지른 직원이나 잘 혼내라고 말하고 있습니다.

> **근로기준법 제109조(벌칙)**
> ① ……(생략) 제76조의3 제6항을 위반한 자는 3년 이하의 징역 또는 3천만 원 이하의 벌금에 처한다.

괴롭힘으로 인한 정신적 피해도
업무상 재해다

산업재해보상보험법 제37조(업무상의 재해의 인정 기준)

① 근로자가 다음 각 호의 어느 하나에 해당하는 사유로 부상·질병 또는 장
해가 발생하거나 사망하면 업무상의 재해로 본다. 다만, 업무와 재해 사
이에 상당인과관계(相當因果關係)가 없는 경우에는 그러하지 아니하다.

......

2. 업무상 질병

......

다. 「근로기준법」 제76조의2에 따른 직장 내 괴롭힘, 고객의 폭언 등으로
인한 업무상 정신적 스트레스가 원인이 되어 발생한 질병

산업재해보상보험법 제37조에 명시되어 있는, 직장 내 괴롭힘과 고객의 폭언 등으로 인한 정신적 스트레스가 원인이 되어 발생한 질병은 업무상 재해로 본다는 규정 역시 2019년 7월 16일부터 시행되었습니다. 앞서 소개한 근로기준법 조항과 세트인 셈입니다. 덕분에 스트레스로 인한 질병이 업무상 재해로 인정받을 가능성이 과거보다 높아졌습니다. 실제로 2016년 이전에는 외상이 없는 정신 관련 질병은 산업 재해(산재)로 잘 인정되지 않았습니다만 2016년 이후로 인정 비율이 점차 높아지고 있습니다. 이처럼 우울증 같은

질병은 산재 인정이 안 된다는 생각은 매우 시대착오적인
생각입니다.

원포인트
법알못✕
가이드✕

개정된 근로기준법과 산업재해보상보험법을 모른다면 직장
내 괴롭힘을 당했을 때 "다들 그렇게 참고 다니는 거야. 회
사에 따져 봤자 잘리기밖에 더 하겠어?"라는 조언을 들어도
할 말이 없을 겁니다. 많은 직장에서도 여러분이 이 규정을
아는 걸 원하지 않을 겁니다. 게다가 직장 내 괴롭힘이 발생
했을 때 "내가 문제니까 그냥 참는 게 최선"이라고 생각하
기를 바랄 겁니다.

그러므로 이 규정을 통해 괴롭힘 문제를 해결하려고 적
극적으로 노력하세요. 이를 위해서는 괴롭힘을 당하는 현장
의 소리를 녹음을 한다거나 그 내용을 구체적으로 적어 놓
는 식으로 입증 자료를 모아야 합니다. 제대로 된 입증 자
료를 준비하지 않으면 이 규정들도 모두 무용지물이기 때
문이죠.

5

상사로부터 성추행을 당한
신입 사원이
무엇을 할 수 있을까요?

신입 사원 남주 씨는 처음 입사 합격 통지를 받았을 때 얼마나 기뻤는지 모릅니다. 계속되는 취업난 속에서 오랫동안 노력한 끝에 결국 목표했던 회사에 가게 되었으니까요. 그런데 얼마 전에 남주 씨의 입사를 축하하는 회식 자리가 있던 날이었습니다. 그 회식 자리에는 남주 씨의 입사를 직접 축하해 주겠다며 본부장까지 와 있었죠.

그렇게 1차 회식을 마치고 2차로 자리를 옮겼습니다. 남주 씨는 1차 때 그랬던 것처럼 본부장 옆자리에 앉았습니다. 남주 씨는 즐거운 마음으로 술잔을 기울였습니다. 그런데 갑자기 본부장이 이렇게 멋지고 듬직한 신입 사원이 들어와서 기분이 좋다며 남주 씨의 어깨를 끌어안고 볼에 뽀뽀를 하는 게 아니겠어요? 모두들 장난으로 여기고 왁자지껄 웃었습니다. 남주 씨도 차마 분위기를 망칠 수 없어서 덩달아 웃었지요.

하지만 회식을 마치고 집으로 돌아온 남주 씨는 수치심이 가시지 않았습니다. 결국 울면서 잠이 들었고 그렇게 며칠이 지났습니다. 남주 씨는 성추행을 당했다는 생각에 당장 본부장을 고소하고 싶었지만 어렵게 취업한 회사라 계속 고민 중입니다. 남주 씨는 어떻게 해야 할까요?

아직도 성추행은 만연해 있다

'미투' 운동이 확산된 뒤로 사람들의 의식이 크게 바뀌었지만 아직도 강제 추행을 별것 아닌 일로 여기는 사람이 많습니다. 여기서 강제 추행이란 우리가 흔히 말하는 성추행입니다. 앞서 소개한 사례는 결코 먼 과거의 이야기가 아니에요. 최근에도 이런 사건이 많이 접수되고 있습니다. 그리고 가해자가 오히려 자신이 무얼 잘못했는지 따져 묻는 경우가 많다고 합니다. 특히 조직에 속한 경우 주변인들이 강제 추행 사실을 알아도 쉬쉬하고 넘어가려는 경향이 있습니다. 그렇지만 강제 추행은 10년 이하의 징역 또는 1500만 원의 벌금형을 받을 수 있는 무거운 범죄입니다.

형법 제298조(강제추행)
폭행 또는 협박으로 사람에 대하여 추행을 한 자는 10년 이하의 징역 또는 1천 500만 원 이하의 벌금에 처한다.

이때 국내 판례에서는 폭행 또는 협박의 정도를 상대방이 반항하기 곤란해 할 정도면 된다고 판단합니다. 그리고 추행이란 상대로 하여금 혐오감과 성적 수치심을 불러일으키는 음란 행위 일체를 말합니다. 경우에 따라서는 폭행, 협박, 추행이 동시에 일어나기도 하는데요. 예를 들어 여성의 가슴을 움켜쥐는 행위는 폭행과 추행이 동시에 일어난 것으로 보고 있습니다.

강제 추행의 범위는 생각보다 넓다

몇 가지 강제 추행 사례를 살펴보겠습니다. 먼저 한 모텔에서 일어난 사건인데요. 모텔 종업원이 객실에 청소를 하러 들어갔습니다. 당연히 손님은 퇴실한 줄 알았지요. 그런데 방 안에 상의만 입은 여자가 잠들어 있었습니다. 이때 종업원이 문을 닫고 조용히 되돌아 나갔으면 문제는 커지지 않았을지도 모릅니다. 하지만 종업원은 방을 나가지 않고 그대로 멀뚱히 서서 여자를 쳐다보았습니다. 결국 잠에서 깬 여자에게 발각되었고 강제추행죄로 기소되었습니다.

이 사건에서 폭행과 협박은 없었지만 여성은 좁은 공간 안에서 자신을 쳐다보는 종업원을 저지하기 힘들었고 그의 시선으로 인해 성적 수치심을 느꼈기 때문에 강제추행죄가 인정되었습니다. 어떤가요? 일반적으로 생각하는 것보다 강제 추행의 범위가 상당히 넓다는 것을 알 수 있습니다.

두 번째 사례는 엘리베이터에서 한 남성이 피해자 여성에게 자신의 성기를 보여 준 사건입니다. 이 사건에서도 우리가 흔히 생각하는 폭행 및 협박의 개념에 부합하는 행위가 없었지만 강제추행죄가 인정되었습니다. 이 두 사례를 통해 직접적인 신체 접촉이 없어도 강제 추행으로 인정될 수 있다는 것을 알 수 있습니다.

증거 수집이 중요하다

강제 추행을 비롯한 성범죄는 그 특성상 입증 자료를 확보하기가 매우 어렵습니다. 그렇기 때문에 당장 고소를 하든 나중에 고민해 보든 무조건 그날 당시의 기록을 해 두는 게 좋습니다. 영상이나 녹음 자료가 있다면 큰 도움이 되겠지만 현실적으로 그런 자료를 확보하기 어려운 게 사실입니다. 그러므로 자필로 일기도 쓰고, 지인에게 피해 사실을 알리는 메시지를 보내 두는 것도 좋습니다. 또한 달력에 표시하는 것도 큰 도움이 될 수 있습니다.

가능하다면 범행 장면을 목격한 제3자의 진술도 확보하세요. 실제로 수년이 지난 강제 추행 사건인데도 당시의 기록을 잘 보관한 덕분에 처벌했던 경우가 있습니다. 만약 상해를 입거나 정신적 충격을 받았다면 사진을 찍어 두고 병원 진단서를 받는 것이 매우 중요합니다. 이처럼 강제 추행을 입증하기 위해서는 다양한 증거와 자료가 필요합니다. 본인의 진술만으로는 부족하다는 것을 명심하세요.

직장에서 일어난 추행일 경우

특히 직장에서 추행이 일어났다면 알아야 할 규정이 있습니다. 바로 성폭력범죄의 처벌 등에 관한 특례법 제10조의 업무상 위력 등에 의한 추행 규정입니다.

> **성폭력범죄의 처벌 등에 관한 특례법 제10조(업무상 위력 등에 의한 추행)**
> ① 업무, 고용이나 그 밖의 관계로 인하여 자기의 보호, 감독을 받는 사람에 대하여 위계 또는 위력으로 추행한 사람은 3년 이하의 징역 또는 1천 500만 원 이하의 벌금에 처한다.
> ② 법률에 따라 구금된 사람을 감호하는 사람이 그 사람을 추행한 때에는 5년 이하의 징역 또는 2천만 원 이하의 벌금에 처한다.

기존에는 피고인이 자신이 가진 지위에 따른 위력을 행사했다는 증거를 찾지 못하면 처벌할 수 없는 경우가 많았습니다. 그런데 최근 몇몇 사건을 보면 외부로 명확히 드러나는 위력의 행사가 없어도 우리가 흔히 말하는 갑을 관계가 형성이 되어 있다면 가해자가 가진 사회적 지위에 따른 위력이 있었다고 하여 처벌이 되는 경우도 볼 수가 있습니다.

직장에서 추행을 당했다면 앞에서 살펴본 형법 제298조의 강제추행 외에 지금 알려드린 이 죄도 성립할 수 있으니 이 점 참고하셔서 대처하시는 것이 좋습니다.

원포인트
법알못×
가이드×

경찰은 언제나 피해자를 위해 최선을 다하지만 그래도 모든 입증 자료를 수사하기 힘든 현실적인 상황도 존재합니다. 그렇기 때문에 본인 스스로 최대한의 준비를 하는 것이 중요합니다. 그러면 준비가 없는 경우보다 훨씬 수월하게 수사가 진행되고 해결도 볼 수 있습니다.

Part 6
선 넘지 말자,
우리 사이니까

1

몇 달째 돈을 갚지 않는
친구에게서
돈을 받아 낼 수 있을까요?

남주 씨는 한밤중에 지원 씨로부터 연락을 받았습니다. 집에 급한 일이 생겨서 300만 원이 필요한데 3일 내로 갚을 테니 빌려 달라는 이야기였습니다. 평소 둘은 서로를 굉장히 아끼고 믿어 주는 사이였습니다. 그래서 남주 씨는 새 컴퓨터를 사려고 모아 두었던 돈을 아무 의심 없이 지원 씨에게 빌려주었지요.

그런데 그 뒤로 나흘이 지나도 지원 씨에게서는 연락이 없었습니다. 남주 씨는 지금 당장 필요한 돈도 아닐뿐더러 집안의 급한 일이 아직 정리가 되지 않아 정신이 없겠거니 생각해 좀 더 기다려 보기로 했습니다.

그렇게 열흘이 지나고 보름이 지나고 한 달이 지났습니다. 그동안 지원 씨에게는 어떤 연락도 오지 않았습니다. 남주 씨는 돈도 돈이지만 아무런 연락이 없는 지원 씨가 걱정이 되어서 문자 메시지를 보냈습니다. 그래도 답장이 없기에 전화를 걸어 보았지요. 그제야 지원 씨와 연락이 닿았습니다. 지원 씨는 그동안 상황이 나아지지 않아서 미안한 마음에 연락하지 못했다고 했습니다. 그리고 돈은 마련하고 있으니 한 달만 더 기다려 달라고 사정했습니다. 남주 씨는 그러겠다고 대답했습니다.

그렇게 또 한 달이 지났습니다. 이번에도 남주 씨가 지원 씨에게 전화를 걸어 연락이 닿았습니다. 하지만 통화 내용은 저번과 같았습니다. 다시 한 달을 기다려 달라는 부탁이었지요. 하지만 이번에는 남주 씨도 그러겠다고 쉽게 대답하지 못했습니다. 괜히 가슴이 답답하고 머릿속이 복잡해졌습니다. 소중한 친구를 의심하고 싶지 않지만 남주 씨는 지원 씨가 돈을 갚을 마음이 없는 것처럼 느껴졌습니다.

남주 씨는 어떻게 해야 할까요?

돈을 갚지 않는다고
사기가 되지는 않는다

상대를 친구라고 생각해서 돈을 빌려줬는데 그 친구는 곧 갚을 테니 조금만 더 기다려 달라는 약속만 늘어놓는 경우, 우리 주변에서 어렵지 않게 찾아볼 수 있습니다. 그리고 이런 상황에 처하면 혹시 내가 사기를 당한 게 아닌지 의심하기 마련입니다. 그런데 돈을 빌릴 당시에 갚을 능력이나 갚을 의사가 있었다면 사기죄를 적용하기는 힘듭니다. 민사 소송을 제기해야 할 사건에 대해 사기죄로 고소한다면 상대가 입건되지 않거나 무혐의 처분을 받아 사안이 종결될 수 있고 여러분이 역으로 무고죄 고소를 당할 수 있습니다. 그렇기 때문에 상대를 사기죄로 고소하는 것을 남용해서는 안 될 것입니다.

내용 증명으로 사안을 명확하게 하라

내용 증명은 발송인이 어떤 내용을 누구에게 언제 발송했는지 우체국에서 증명하는 것입니다. 그런데 내용 증명이 그저 여러분의 요구 사항과 돈을 빌린 사람의 의무 사항을 적은 후 우체국의 직인을 찍어 보내는 것이라 별다른 법적 효과가 없다고 여기는 사람이 많습니다. 하지만 돈을 언제까지 갚기로 했는지 그 시일이 명확하지 않은 경우 이를 확실하게 밝혀 준다는 점, 상대에게 법적 절차를 밟겠다는 의사를 보여 줌으로써 심리적으로 압박하는 효과를 준다는 점 때문에라도 내용 증명을 보내는 걸 추천합니다.

게다가 내용 증명은 상대에게 돈을 갚으라고 독촉했었다는 사실을 증거로 남기는 수단이기도 합니다. 이 증거는 소송에서 활용할 수 있지요. 실제로 저는 빌려준 돈을 받지 못하던 지인들에게 내용 증명 발송을 제안했고, 이 방법을 통해 많은 이가 돈을 받아 냈지요. 돈 없다고 생짜를 부리던 사람들이 당장에 내어 줄 만큼 내용 증명은 상대에게 큰 심리적 부담감을 안겨 줍니다.

지급 명령을 신청하라

'지급 명령'이라는 용어가 무척 생소하죠? 법원에 가지 않고도 채권자가 제출한 문서와 주장만으로 민사 소송을 제기한 것과 같은 효과를 갖는 법원의 결정문을 받는 방법입니다. 즉 법원에 출석할 필요 없이 제출한 서류만으로 심사가 진행되고 결정되는데, 청구 액수의 제한은 없습니다. 돈을 빌린 사람은 지급 명령 송달 후 2주 이내에 이의 신청을 하지 않으면 이 지급 명령에 따라야 합니다. 왜냐하면 지급 명령은 확정 판결과 같은 효력을 발휘하기 때문이지요. 그래서 이에 불응하면 강제 집행까지도 가능합니다.

> **민사소송법 제462조(적용의 요건)**
> 금전, 그 밖에 대체물(代替物)이나 유가증권의 일정한 수량의 지급을 목적으로 하는 청구에 대하여 법원은 채권자의 신청에 따라 지급명령을 할 수 있다. 다만, 대한민국에서 공시송달 외의 방법으로 송달할 수 있는 경우에 한한다.

지급 명령은 돈을 빌린 자, 즉 채무자의 관할 지방 법원에 신청할 수 있으며 전자 소송으로도 신청이 가능합니다. 그리고 발생하는 비용도 민사 소송보다 훨씬 적지요. 이런 설명만 들으면 지급 명령이 정말 편한 방법처럼 보이지요? 하지만 아주 중요한 문제점이 하나 있습니다. 바로 채무자의 주소와 인적 사항을 모르면 진행이 어렵다는 것입니다. 지급 명령은 민사 소송과는 다른 간이 절차라 원칙적으로 공시 송달이 안 되고, 채무자의 인적 사항과 주소를 확인할 수 있는 사실 조회 신청도 불가능하기 때문입니다.

만약 채무자의 주민등록번호나 주소 중 한 가지만 알고 있을 경우에는 지급 명령을 신청할 수 있습니다. 우선 지급 명령을 신청한 후 보정 명령서를 받습니다. 그리고 이걸 가지고 주민센터를 찾아가 상대의 주민등록초본을 발급받아 주소 및 인적 사항을 확인하는 것입니다. 하지만 주민등록번호와 주소 모두 모를 경우에는 현실적으로 지급 명령을 신청할 방법이 없습니다. 그러므로 이럴 때에는 처음부터 민사 소송 진행을 고려해야 합니다.

민사 소송을 해야만 한다면?
(feat. 소액 심판 청구 소송)

지급 명령으로 돈을 돌려받지 못한 경우에는 민사 소송을 진행해야 합니다. 돈과 시간이 많이 들지만 승소할 경우 가장 확실하게 돈을 돌려받을 수 있는 방법이지요. 지급 명령은 사실 조회 신청이나 공시 송달을 이용하지 못하지만 민사 소송 시에는 가능하기 때문에 주소나 인적 사항을 몰라도 돈을 돌려받을 길이 열립니다.

만약 돌려받아야 할 금액이 3000만 원 이하라면 소액 심판 청구 소송을 통해 일반 민사 소송보다 빠르게 진행할 수 있습니다. 그러므로 금액이 해당된다면 이 방법부터 진행하기를 추천합니다. 소액 심판 청구 소송을 할 경우 제출한 소장과 증거만으로도 채무자에게 채무 이행을 명하는 이행 권고 결정을 받을 수 있습니다. 물론 제출한 서류만으로 판단이 어려울 경우에는 법정에 출석해야 하지만 상대방이 출석하지 않을 경우 일반 민사 소송과는 다르게 추가 변론 기일을 잡지 않고 바로 판결을 내리기 때문에 일반 민사 소송보다 훨씬 짧은 기간 안에 신속하게 마무리를 지을 수 있습니다.

이 책은 개인이 법조인의 도움을 받지 않고 혼자서 법적 절차를 진행할 수 있도록 돕는 취지입니다. 그러므로 채무 금액이 크거나 돈을 떼일 위험이 매우 큰 경우에는 관련 법조인의 조력을 얻기를 권고합니다.

2

술집에서 시비가 붙었다면
어떻게 해야 할까요?

불타는 금요일 저녁, 남주 씨는 아내 희진 씨와 함께 외식을 하기로 했습니다. 부부는 꼭 한 번 가 보고 싶었던 곱창전골 가게로 향했습니다. 그 집은 동네에서 가성비 좋은 맛집으로 정평이 나 있었거든요. 맛있는 요리에 반주가 빠질 수 없겠죠? 남주 씨와 희진 씨는 오랜만에 마주 앉아 오붓하게 술잔을 기울였습니다. 그렇게 분위기는 무르익고 대화는 결혼 생활과 연애 시절을 넘나들었습니다.

너무 기분이 좋았던 탓일까요? 부부의 웃음소리가 꽤나 높아졌습니다. 그리고 그것이 옆자리에 앉아 있던 사람들의 심기를 건드린 모양입니다. 갑자기 한 남자가 부부를 향해 시끄럽다며 욕설을 내뱉었습니다. 남주 씨는 화가 폭발할 것 같았지만 일단 사과부터 했습니다. 음식점에서 시끄럽게 떠들어 다른 손님에게 폐를 끼친 건 명백한 잘못이니까요. 그런데 상대 남자는 욕설을 멈추지 않았고 오히려 언성을 높였습니다.

결국 남주 씨도 참지 못해 말싸움을 시작했습니다. 그런데 상대는 욕설로 분이 풀리지 않는지 남주 씨를 향해 주먹질을 했고, 남주 씨는 그 주먹에 맞아 바닥에 나뒹굴고 말았습니다. 이제 남주 씨는 어떻게 대응해야 할까요?

싸움에 응하지 않은 사람이 승자다

술집은 온갖 사람들이 모이는 곳입니다. 그날 하루 기분이 좋았던 이가 있는가 하면 힘들거나 슬프거나 기분 나쁜 일을 겪은 사람도 있죠. 사람마다 그날의 감정은 다양합니다. 그러다 보니 감정이 격해져서 자칫 싸움이 벌어지거나 싸움에 휘말리는 경우도 종종 있습니다. 그러면 평소에는 생각지도 못했던 일들이 발생할 수 있습니다.

상대가 시비를 걸 때 최고의 대처 방법은 아무런 대응을 하지 않는 것입니다. 앞서 소개한 남주 씨의 사례를 살펴볼까요? 물론 남주 씨도 잘못을 하긴 했습니다. 술자리에서 너무 시끄럽게 군 게 그렇죠. 하지만 이는 사회적 매너나 예절에 가까운 문제로 법적 잘못이라고 할 수는 없습니다.

그렇지만 상대 남자의 욕설에 욕으로 맞대응한 것은 분명히 법적으로 잘못한 일입니다. 다만 상대방이 남주 씨보다 한발 더 나아가 폭력을 휘둘렀지요. 만약 저 상황에서 남주 씨가 폭력으로 대응하지 않고 자리를 피하거나 경찰을 불렀다면 남주 씨는 법적으로 승리를 거둘 수 있었을 것입니다. 그럼 술자리에서 발생할 수 있는 상황들을 차근차근 들여다보며 정리해 볼까요?

공공장소에서의 욕설은
모욕죄가 성립된다

여러 손님이 있는 술집에서 큰 소리로 욕설을 하면 모욕죄
가 성립할 수 있습니다.

형법 제311조(모욕)
공연히 사람을 모욕한 자는 1년 이하의 징역이나 금고 또는 200만 원 이하
의 벌금에 처한다.

앞서 소개한 사례의 남주 씨처럼 옆자리 남성과 서로 욕
설을 주고받았다면 상대방만 모욕죄로 처벌하기는 힘들 겁
니다. 서로 모욕죄에 해당할 가능성이 높기 때문이죠. 상식
적으로도 한 명만 처벌받으면 이상하잖아요. 그러므로 상
대방이 욕을 한다면 맞서서 욕하지 말고 핸드폰의 녹음 기
능을 이용해 상황을 녹음하기 바랍니다. 영상을 찍었다면
더욱 좋습니다. 상대를 모욕죄로 고소하여 처벌할 수 있는
가능성이 높아지니까요. 그러므로 상대방이 욕설을 뱉는다
면 욕으로 맞대응하고 싶은 마음을 꾹 누르고 핸드폰을 꺼
내 녹음 및 촬영을 하세요.

몸이 닿지 않아도
폭행죄 적용이 가능하다?

폭행죄는 설령 신체 접촉이 없다고 할지라도 성립할 수 있습니다.

> **형법 제260조(폭행)**
> ① 사람의 신체에 대하여 폭행을 가한 자는 2년 이하의 징역, 500만 원 이하의 벌금, 구류 또는 과료에 처한다.

형법에서 말하는 폭행은 일정한 유형력의 행사를 의미합니다. 그렇기 때문에 신체 접촉이 없다고 할지라도 삿대질을 한다거나 어떤 집기를 던져서 그로 인해 음식물이 튀기는 등의 유형력만 있으면 폭행죄가 성립될 수 있습니다. 물론 폭행죄를 판단하기 위해서는 폭행의 방법 및 정도를 포함하여 주변의 모든 상황이 고려되어야 합니다. 그러므로 사안마다 판단은 다를 수 있으니 "당신이 삿대질했으니까 폭행죄로 고소할 거야!"라는 식의 논리는 잘못된 것임을 알아야 합니다.

같이 싸우면 함께 처벌받는다

남주 씨가 폭행을 당하는 과정에서 방어만 하고 상대방을 공격하지 않았다면 상대방을 폭행죄로 처벌할 수 있습니다. 하지만 만약 상대방의 폭행에 화가 난 남주 씨가 똑같이 폭력을 휘둘렀다면 이야기가 다릅니다. 누가 먼저 폭행을 가했든 서로 주먹을 주고받았다면 둘 모두 처벌받습니다. 우리나라의 법에서 쌍방 폭행의 경우에는 둘 다 처벌하는 것이 원칙이기 때문입니다.

그러니 상대방에게 폭행당했다고 해도 맞서서 폭력을 휘두르지 말고 본인이나 주변에 있는 사람이 이를 녹화 및 녹음하는 것이 현명합니다. 그러면 상대방을 폭행죄로 고소할 수 있고 이것이 결국 승리하는 길이니까요. 대부분의 사건은 폭행이 일어나기 전에 욕설이 먼저 시작되기 때문에 이때부터 녹음 및 녹화로 증거를 확보하는 게 좋습니다.

그리고 폭행을 당한 이후 최대한 빨리 병원을 찾아가 상해 진단서를 발급받기 바랍니다. 이 진단서를 경찰에 제출하면 단순 폭행에서 그치지 않고 상해에 대한 처벌까지 할 수 있습니다. 진단서가 없어도 신체에 상처가 생겼다면 사진으로 찍어 증거를 남기세요.

형법 제257조(상해)

① 사람의 신체를 상해한 자는 7년 이하의 징역, 10년 이하의 자격정지 또는 1천만 원 이하의 벌금에 처한다.

형법 제262조(폭행치사상)

전2조의 죄를 범하여 사람을 사상에 이르게 한때에는 제257조 내지 제259조의 예에 의한다.

현장의 녹음은
상대의 동의가 필요치 않다

아무리 다툼이 일어나는 현장이라고 해도 상대의 동의를 받지 않고 마음대로 녹화 및 녹음을 해도 괜찮을까요? 누군가의 대화를 몰래 도청하거나 그 상황에 참여하지 않은 제3자가 몰래 녹음을 한다면 문제가 되겠지만 당사자가 직접 녹화 및 녹음을 하는 것은 아무 문제가 없습니다. 또한 싸움 현장에 있던 사람들도 마찬가지입니다. 그러므로 주변 지인에게 촬영이나 녹음을 부탁해도 상관없습니다. 물론 대놓고 핸드폰이나 카메라를 들이대면 상대를 더욱 자극할 수 있고 더 큰 문제로 발전할 수 있습니다. 그러니까 되도록 자극을 주지 않을 범위에서 녹화와 녹음을 시도해야 합니다.

술집에서 다툼이 일어났을 때 최상의 시나리오

술집에서 싸움이 벌어질 때 어떻게 대처하면 좋을지 다시 한 번 정리하겠습니다. 우선 무엇보다 싸움에 휘말리지 않는 것이 가장 좋습니다. 남주 씨의 사례처럼 일행과 함께 즐거운 시간을 보내는 것도 좋지만 다른 손님에게 폐를 끼치거나 자극할 만한 행동은 자제해야겠죠. 여러 사람이 모인 공공장소에서는 예절을 잘 지키는 것이 중요합니다.

하지만 단순 실수나 어쩔 수 없는 이유로 싸움이 발생했다면 절대 대응하지 말고 현장의 모습을 녹화 및 녹음한 뒤 경찰을 부르세요. 경찰이 출동하면 사건이 접수되고 이 사건은 파출소에서 경찰서로 넘어갑니다. 이때 피해자 진술조서를 작성하게 되죠. 그러면 따로 고소장을 작성할 필요도 없습니다. 만약 싸움 과정에서 폭행을 당했다면 최대한 빠른 시간 안에 병원을 찾아가 진단서를 발급받거나 상처가 난 부분을 영상 및 사진으로 찍어서 그 자료를 경찰서에 제출하세요.

상대방이 먼저 폭력을 행사했다고 해도 함께 맞서 싸운다면 쌍방 폭행이 적용되어 오히려 나에게 불리해질 수도 있습니다. '내가 주먹을 휘두른 건 정당방위로 인정해 주지 않을까?'라고 기대하는 사람이 많지만 우리나라에서는 정당방위가 잘 인정되지 않습니다. 그러므로 상대방의 폭행에 아예 대응하지 않는 것이 상책입니다.

아래에 정당방위가 인정될 수 있는 8가지 조건을 소개합니다. 이 조건들은 경찰청이 공개한 경찰 수사 단계에서의 정당방위 기준입니다. 보시면 정당방위 성립이 현실적으로 왜 쉽지 않은지 이해가 되실 겁니다. 실제로 이 8가지 기준에 맞지 않는 경우에도 정당방위가 성립할 수 있으니 참고용으로만 봐 주시기 바랍니다.

1. 가해자보다 먼저 폭력을 행사해서는 안 된다.

2. 흉기를 사용해서는 안 된다.

3. 가해자보다 심한 폭력을 행사해서는 안 된다.

4. 방어 행위여야 한다.

5. 도발하지 않아야 한다.

6. 가해자가 때리는 것을 그친 뒤에도 폭력을 행사해서는 안 된다.

7. 가해자의 피해 정도가 본인보다 심하지 않아야 한다.

8. 가해자가 전치 3주 이상의 상해를 입지 않아야 한다.

3

"No는 No"라고 분명하게
말해도 못 알아듣는 인간은
어찌해야 할까요?

남주 씨의 첫 키스는 5살 때였습니다. 상대는 당시 남주 씨가 다니던 유치원 사슴 반에서 가장 인기가 많던 소녀였습니다. 남주 씨는 그 애에게 할 말이 있다며 귀를 기울이게 만든 뒤 그녀의 볼에 기습 뽀뽀를 감행했지요. 그 아이도 싫지 않은 눈치였습니다. 그렇게 남주 씨에게 첫 '1일'이 시작되었습니다. 둘은 한동안 손을 꼭 붙잡고 다녔지요.

하지만 만약 그 소녀가 남주 씨의 기습 뽀뽀에 불쾌감이나 성적 수치심을 느꼈다면 남주 씨의 행동은 얼마든지 강제추행에 해당될 수 있습니다. 물론 우리나라 형법상 14세 미만인 자의 행위는 처벌하지 않기 때문에 유치원생 남주 군은 처벌받지 않았을 테니 오해하시면 안 됩니다. 어디까지나 예로 든 이야기니까요. 여기서 핵심은 남녀 관계에서 사귄 지 1일이 되는 것과 전과 1범이 되는 것 사이에는 종잇장처럼 얇은 차이만 있다는 것입니다. 의도는 적극적인 애정 표현이었다 할지라도 상대가 수치심을 느꼈다면 그것은 결코 애정 표현이 아닙니다. 분명한 범죄 행위입니다.

상황별 데이트 폭력 대처 방법
❶ 지속적 괴롭힘

몇 번을 거절해도 계속해서 끈질기게 사랑을 고백하는 사람이 있습니다. 헤어진 연인의 마음을 돌리기 위해 메시지 폭탄을 보내거나 직장과 집으로 찾아와 곤란하게 만드는 사람도 있지요. 이처럼 사랑과 연애에 관해서 "열 번 찍어 안 넘어가는 나무 없다"는 속담을 맹신하는 사람을 주변에서 어렵지 않게 찾아볼 수 있습니다. 하지만 이러한 행동은 경범죄 처벌법의 '지속적인 괴롭힘'에 해당됩니다. 안타깝지만 현행법상 다른 범죄 없이 스토킹을 하였다는 이유만으로는 처벌하기 힘듭니다. 그래서 스토킹에 대한 처벌법을 마련해 달라는 의견이 매우 많은 상황이죠.

경범죄 처벌법 제3조(경범죄의 종류)
① 다음 각 호의 어느 하나에 해당하는 사람은 10만 원 이하의 벌금, 구류 또는 과료(科料)의 형으로 처벌한다.

41. (지속적 괴롭힘) 상대방의 명시적 의사에 반하여 지속적으로 접근을 시도하여 면회 또는 교제를 요구하거나 지켜보기, 따라다니기, 잠복하여 기다리기 등의 행위를 반복하여 하는 사람.

상황별 데이트 폭력 대처 방법
❷ 스토킹과 협박

만나 달라고 한두 번 정도 조르는 것은 법적으로 문제가 되지 않습니다. 하지만 같은 행위가 3번 이상 반복된다면 경범죄 처벌법 제3조에 해당합니다. 또한 상대로 하여금 명백한 두려움을 느끼게 만드는 행위라면 2번만 반복되어도 해당할 수 있습니다.

만약 누군가가 나를 미행하는 것처럼 계속 따라다니거나 어딘가 숨어서 지켜본다면 어떻게 대처해야 할까요? 이런 때는 우선 반드시 명시적으로 거절 의사를 밝혀야 합니다. 당사자에게 직접 싫다고, 그러지 말라고 의사를 전달하거나 경찰에 신고를 해야죠. 분명하게 거절 의사를 밝혔다면 앞의 규정을 적용할 수 있지만 이 과정이 없다면 상대방을 처벌할 수 없습니다.

그런데 간혹 극단적으로 행동하는 상대도 있습니다. "네 집과 직장이 어딘지 다 알고 있으니까 찾아가서 죽여 버릴 거야!"라거나 자신의 손목을 칼로 긋는 포즈를 사진으로 찍어 보내면서 "안 만나 주면 죽어 버린다!"라고 위협하는 것이죠. 이는 협박죄에 해당하는 행위입니다.

> **형법 제283조(협박)**
> 사람을 협박한 자는 3년 이하의 징역, 500만 원 이하의 벌금, 구류 또는 과료에 처한다.

의외로 잘 모르는 사람이 많은데 "죽어 버릴 거야!"라는 자살 위협은 아주 오래전부터 인류가 사용했던 대표적인 협박 방법 중 하나입니다. 그러므로 상대가 "죽인다"거나 "죽어 버린다"고 협박하면 이 사실을 곧바로 경찰에 알리기 바랍니다.

상황별 데이트 폭력 대처 방법
③ 폭행

협박 이외에 직접적으로 폭력을 행사하는 이들도 있습니다. "네 잘못을 보고만 있을 수 없어서 때렸다"거나 "널 말리기 위해 물을 뿌린 거다"라며 변명하는 사람들 말이죠. 이들은 폭행죄로 처벌이 가능합니다.

> **형법 제260조(폭행)**
> ① 사람의 신체에 대하여 폭행을 가한 자는 2년 이하의 징역, 500만 원 이하의 벌금, 구류 또는 과료에 처한다.

어떤 이유에서든 폭행당했다면 경찰에 신고하고 병원을 찾아 진단서를 떼야 합니다. 진단서가 있다면 상해에 대한 처벌도 가능하니까요.

상황별 데이트 폭력 대처 방법
❹ 스킨십, 욕설, 감금

본인이 원치 않는데 상대가 강압적으로 스킨십을 했다면 강제 추행이, 성관계까지 나아갔다면 강간죄로 고소할 수 있습니다. 이런 사건이 발생했을 때 무엇보다 중요한 건 지체하지 말아야 한다는 겁니다. 시간은 가해자의 편이기 때문이지요.

형법 제298조(강제추행)

폭행 또는 협박으로 사람에 대하여 추행을 한 자는 10년 이하의 징역 또는 1천 500만 원 이하의 벌금에 처한다.

형법 제297조(강간)

폭행 또는 협박으로 사람을 강간한 자는 3년 이상의 유기징역에 처한다.

이 외에도 길거리 한복판에서 욕설을 한다거나 집에서 나가지 못하도록 감금하는 등의 행위도 자주 일어납니다. 이러한 경우에도 각각 규정대로 처벌할 수 있습니다.

형법 제311조(모욕)

공연히 사람을 모욕한 자는 1년 이하의 징역이나 금고 또는 200만 원 이하의 벌금에 처한다.

형법 제276조(감금)

① 사람을 체포 또는 감금한 자는 5년 이하의 징역 또는 700만 원 이하의 벌금에 처한다.

데이트 폭력의 특징은 방치하면 할수록 강도가 점점 세진다는 것입니다. 또한 한 해 평균 40명 이상이 데이트 폭력으로 인해 목숨을 잃습니다. 그러므로 데이트 폭력을 언제든 해결할 수 있는 문제처럼 가벼이 여기지 말아야 합니다. 그리고 폭력이 발생했을 경우에는 지체 없이 법의 보호를 받도록 합시다.

4

'리벤지 포르노'라는 지옥에서
어떻게 헤어날 수 있을까요?

"보복할 목적으로 연인 관계 및 부부 관계에 있을 때 촬영한 영상물 등을 유포하는 것은 이른바 리벤지 포르노로서 피해자가 현재 영위하고 있는 삶을 파괴하고 앞으로 정상적인 관계를 맺지 못하도록 하는 등 그 피해가 심대하다."
이는 이별한 연인에게 복수하고 고통을 가하기 위해 자신과의 성행위 장면이 담긴 영상을 인터넷 커뮤니티에 19차례나 게시한 혐의로 기소된 A 씨에게 담당 판사가 양형하며 설명한 그 사유 중 일부분입니다.

A 씨는 불법 촬영된 영상을 피해자의 지인 100여 명에게 유포하고 추가 공개를 예고하기까지 했습니다. 그리하여 징역 3년형을 선고받았는데요. 이에 A 씨는 항소했지만 2심에서도 감형은 없었습니다. 그동안 우리나라에서 리벤지 포르노를 촬영하거나 유포한 범죄는 집행 유예나 벌금형 등 솜방망이 처벌이 많았습니다. 하지만 이 사건에 대한 판결을 통해 리벤지 포르노 사건을 대하는 법원의 태도가 완전히 달라졌음을 알 수 있습니다.

실제로 벌어졌던 한 사건을 소개하겠습니다. A 씨와 B 씨는 연인 관계였습니다. 그런데 어느 날, B 씨가 이별을 통보했죠. A 씨는 복수심에 불탔습니다. 그때 예전에 B 씨가 자신의 나체를 찍어 보내 준 사진이 떠올랐습니다. A 씨는 그 사진을 자신의 유튜브 계정 프로필 사진으로 지정했습니다. 그리고 B 씨의 딸이 업로드한 유튜브 동영상에 댓글을 다는 것으로 B 씨의 나체 사진을 유포했습니다. 한번 상상해 보세요. 자기 딸이 올린 영상마다 자기 나체 사진이 노출되는 셈이죠. 얼마나 끔찍하고 수치스럽겠습니까? 그런데 A 씨는 대법원에서 무죄 판결을 받았습니다. A 씨가 유포한 B 씨의 나체 사진이 자의에 의해 스스로 찍은 '셀카'였다는 것이 무죄 판결의 이유였습니다.

개정 전 성폭력처벌법에 따르면 촬영물이란 '다른 사람'을 촬영 대상자로 하여 그 신체를 촬영한 것으로 해석됩니다. 그러므로 자의로 찍은 것, 즉 셀카를 유포하는 행위는 이 법에 적용하지 않았고 따라서 A 씨도 처벌받지 않았습니다. 실제로 이 판결이 나왔을 때 많은 논란이 있었습니다.

하지만 이제는 성폭력처벌법이 개정되었습니다. 다른 사

람의 신체를 의사에 반하여 촬영하거나 유포한 사람은 물론이고, 남에게서 받은 셀카 또한 당사자의 의사에 반해서 유포할 경우 처벌할 수 있도록 했습니다.

더 다양한 경우를 더 엄중하게 다루다

성폭력범죄의 처벌 등에 관한 특례법 제14조(카메라 등을 이용한 촬영)

① 카메라나 그 밖에 이와 유사한 기능을 갖춘 기계장치를 이용하여 성적 욕망 또는 수치심을 유발할 수 있는 사람의 신체를 촬영대상자의 의사에 반하여 촬영한 자는 5년 이하의 징역 또는 3천만 원 이하의 벌금에 처한다.

② 제1항에 따른 촬영물 또는 복제물(복제물의 복제물을 포함한다. 이하 이 항에서 같다)을 반포·판매·임대·제공 또는 공공연하게 전시·상영(이하 "반포등"이라 한다)한 자 또는 제1항의 촬영이 촬영 당시에는 촬영대상자의 의사에 반하지 아니한 경우에도 사후에 그 촬영물 또는 복제물을 촬영대상자의 의사에 반하여 반포 등을 한 자는 5년 이하의 징역 또는 3천만 원 이하의 벌금에 처한다.

③ 영리를 목적으로 촬영대상자의 의사에 반하여 「정보통신망 이용촉진 및 정보보호 등에 관한 법률」 제2조 제1항 제1호의 정보통신망(이하 "정보통신망"이라 한다)을 이용하여 제2항의 죄를 범한 자는 7년 이하의 징역에 처한다.

위 규정의 제1항에 명시된 "수치심을 유발할 수 있는 사람의 신체"라는 부분은 개정 전에는 "다른 사람의 신체"라고 규정되어 있었습니다. 즉 "다른"이라는 말이 삭제되는 개정을 통해 리벤지 포르노 관련 규정의 허점을 없앴습니다.

제2항에서는 "복제물"이 "복제물의 복제물"까지 포함하고 있습니다. 이러한 명시 덕분에 큰 변화가 일어났는데요. 이와 관련된 사례를 들어 보겠습니다.

어느 불륜 커플이 있었습니다. 그런데 불륜 남성이 상대 여성에게 이별을 요구했지요. 이에 화가 난 여성은 서로 합의하에 촬영했던 성관계 동영상을 PC로 재생한 뒤 그 영상을 다시 핸드폰으로 재촬영하였습니다. 그리고 그 파일을 불륜 남성의 아내에게 전송했지요.

성폭력처벌법이 개정되기 전에는 이 불륜 여성이 아내에게 보낸 영상이 피해자(남성)의 신체를 직접 촬영한 것은 아니기 때문에 제14조 제2항에서 규정하는 촬영물에 해당하지 않는다고 판단했습니다(대법원 2018. 8. 30. 선고 2017도3443 판결). 결국 이 여성은 처벌받지 않았습니다. 그러나 개정된 지금은 "복제물의 복제물"까지 포함하고 있기 때문에 이 여성이 처벌받을 수 있습니다.

또한 제3항에 따르면 촬영물을 돈벌이 등 영리를 목적으로 촬영 대상의 의사에 반하여 유포할 경우 7년 이하의 징역형으로 다스리게 되었습니다. 벌금형을 삭제하면서 결국 법원에서는 징역형만을 선택할 수 있게 된 것이죠.

온라인에 유출된 영상과 파일을 제거하는 두 가지 방법

관련 법이 강화됨으로써 리벤지 포르노 가해자를 무겁게 처벌할 수 있게 되었지만 그것으로 끝이 아닙니다. 온라인에 퍼져 있는 피해자의 동영상이 있는 한 피해자는 계속해서 고통을 받을 테니까요. 온라인상에 돌아다니는 영상을 없애기 위해서는 크게 두 가지 방법이 있습니다. 흔히 '인터넷 장의사'라고 불리는 사설 업체를 이용하는 것과 국가 기관의 도움을 받는 것입니다.

사설 업체를 이용하면 큰 비용이 발생하고 경제적 여건이 되지 않아 이를 부담하지 못하는 사람도 있습니다. 이들을 돕기 위해 정부에서는 방송통신심의위원회[12]나 한국여성인권진흥원[13] 등 관련 부서를 통해 영상 삭제를 돕고 있습니다. 또한 사설 업체를 이용한 영상 삭제에 드는 비용을 가해자로 하여금 부담하게 만드는 법안도 발의되었지만 아쉽게도 아직 통과되지는 않았습니다.

원포인트
법알못×
가이드

리벤지 포르노를 직접 촬영하거나 유포하는 사람 외에도 이런 사진이나 영상을 카카오톡과 같은 메신저를 이용해 지인들과 공유하는 사람들이 있습니다. 하지만 이런 행위는 매우 부적절할 뿐 아니라 이번 성폭력처벌법 개정을 통해 처벌될 위험도 높아졌습니다. 자신과 관계없는 사람의 사진이나 영상이라 할지라도 절대 공유해서는 안 됩니다. 온라인상에서 발견 즉시 신고하기 바랍니다.

Part 7
모히또에서 몰디브 한 잔 하기도 힘드네

1
갑자기 튀어나온 차가
도리어 피해자라고 우긴다면
어떻게 해야 할까요?

보란 듯이 단번에 운전면허 시험에 합격한 남주 씨는 아버지의 차를 빌려 도로로 나갔습니다. 여자 친구와 함께 맛집 탐방에 나서기로 했거든요. 그렇게 남주 씨는 음식점을 코앞에 두고 좌회전을 하기 위해 1차선에서 신호를 기다리고 있었는데요. 갑자기 "쿵!" 소리와 함께 뒤쪽에서 충격이 전해져 왔습니다. 어떤 차가 남주 씨의 차량을 뒤에서 들이받은 것입니다. 남주 씨가 차에서 내려 살펴보니 뒤범퍼가 내려앉아 있었습니다.

그런데 상대 운전자가 차에서 내리더니 이렇게 말하는 게 아니겠어요? "아니, 갑자기 끼어들면 어떡합니까?" 남주 씨는 자신의 귀를 의심했습니다. 가만히 서 있는 자기 차를 뒤에서 들이받고서는 그게 무슨 소리냐며 따졌지만 경찰에 신고하겠다는 상대의 으름장에 겁이 나서 더 이상 항의를 하지 못했습니다. 집으로 돌아온 남주 씨는 아버지의 차에 블랙박스가 없는 것을 한탄했습니다. 그리고 억울한 마음에 잠을 이루지 못했습니다. 과연 남주 씨가 할 수 있는 일은 없는 걸까요?

블랙박스는 만능이 아니다

이 사례는 제가 스무 살 때 직접 겪은 일입니다. 당시 집으로 돌아온 저는 너무 억울한 나머지 밤잠을 설쳤지요. 그리고 다음 날 날이 밝자마자 상대 운전자에게 전화를 걸어 크게 싸웠습니다. 가만히 서 있다가 봉변을 당했는데 오히려 제가 잘못한 사람이 된 꼴이니까요.

만약 제 차에 블랙박스가 설치되어 있었다면 어떨까요? 상대는 이렇게 말도 안 되는 주장을 우기지는 못했을 겁니다. 최근 블랙박스가 널리 보급되면서 이런 억울하거나 황당한 사건은 크게 줄었지만 그래도 사고는 언제 어디서 일어날지 예상할 수 없습니다. 블랙박스 설치는 필수임을 강조하고 싶습니다.

하지만 블랙박스가 만능은 아닙니다. 아무리 성능이 좋은 제품이라도 모든 상황을 전부 기록할 수는 없지요. 그러므로 교통사고가 발생했을 때 블랙박스에만 의존하지 말고 상황과 증거를 다양한 방법으로 기록해 두세요. 스마트폰이나 카메라를 이용해 앞으로 설명할 부분들을 꼭 촬영하세요.

사고가 나면 해야 할 일들

1. 멀리서 사고 현장 촬영

블랙박스는 촬영 각도나 방향이 한정되어 있습니다. 그래서 사고 발생에 영향을 주는 주변 상황을 전부 화면에 담기 어렵죠. 그러니 사고 차량을 중심으로 사고에 관여된 모든 상황이 화면에 잡히도록 되도록 멀리서 사고 현장을 촬영해야 합니다.

2. 파손 부위 접사

사고로 인해 차량이 파손되었다면 파손 부위를 가까이에서 촬영하세요. 파손 부위가 정확하게 파악되어야 수리 비용도 비교적 정확하게 알 수 있으니까요. 그러면 추후 수리 비용이 갑자기 늘어나거나 줄어드는 상황을 피할 수 있습니다.

3. 차량의 방향 촬영

사고 차량의 진행 방향을 알 수 있도록 바퀴의 방향을 자세히 촬영해야 합니다. 아무리 블랙박스 영상으로 차량의 진행 방향을 확인할 수 있다고 해도 사고 직전의 잘못된 핸들 조작이나 차에 가해진 충격으로 틀어진 방향 등은 정확하게 알 수 없으니까요. 차량의 방향을 알아야 정확한 사고 조사가 이뤄지기 때문에 반드시 촬영해 두세요.

4. 상대 차량의 블랙박스 유무 확인

상대 차량에도 블랙박스가 설치되어 있는지 촬영하여 사고 조사가 다각도로 이뤄질 수 있도록 합니다. 사실 상대방에게 블랙박스 영상 자료를 제출해야 할 의무는 없습니다. 그러므로 법정에서 상대가 자신에게 유리해지도록 자기 차량에 블랙박스를 설치하지 않았다고 우기거나 블랙박스 영상 제출을 거부할 수도 있습니다. 이를 방지하기 위해서라도 상대 차량의 블랙박스 유무는 꼭 확인하고 기록으로 남깁시다.

보험 회사의 과실 비율에 불만이 있다면?

사고 현장의 촬영을 마쳤다면 이제 자동차 보험 회사에 연락해야 합니다. 자동차손해배상보장법에 따르면 자동차 보유자는 의무적으로 책임 보험 등에 가입하도록 하고 있기 때문에 자신이 자동차의 보유자가 아니라 운전만 했다고 할지라도 자동차 보유자가 가입한 보험사에 연락할 수 있습니다. 교통사고가 났다고 해서 당사자들끼리 싸울 필요가 없습니다. 필요한 촬영을 마치면 차를 안전한 곳으로 이동시킨 후 서로 각자의 보험사에 연락하면 됩니다. 사고 현장에 도착한 보험사 직원들이 과실 비율을 정하고 이에 서로 불만이 없다면 그렇게 사고 처리는 종료됩니다.

하지만 보험사에서 알려 주는 과실 비율에 불만이 있다면 꼭 받아들일 필요는 없습니다. 자동차 보험 회사는 법원이 아니므로 그들의 결정이 확정은 아니라는 것을 알아야합니다. 그리고 이런 불만이나 문제가 발생했을 때를 대비하여 사진을 찍어 두는 것입니다.

만일 각 보험 회사에서 정한 과실 비율로 원만한 합의가 이뤄지지 않았다면 자동차사고 과실비율 분쟁심의위원회(구상금분쟁심의위원회)의 조정을 통해 과실 비율을 다시정할 수 있습니다. 하지만 이 과정을 통해 정해진 비율조차마음에 들지 않는다면 민사 소송을 통해 법원의 판단을 받을 수 있습니다. 그러니까 보험 회사에서 "이건 몇 퍼센트책임져야 한다"라고 단정적으로 안내했다고 해도 법원의결정을 받은 것은 아니기 때문에 이를 수용할 수 없다면 반드시 이의를 제기해야 합니다.

> **자동차손해배상 보장법 제5조(보험 등의 가입 의무)**
> ① 자동차 보유자는 자동차의 운행으로 다른 사람이 사망하거나 부상한 경우에 피해자(피해자가 사망한 경우에는 손해배상을 받을 권리를 가진 자를 말한다. 이하 같다)에게 대통령령으로 정하는 금액을 지급할 책임을 지는 책임보험이나 책임공제(이하 "책임보험 등"이라 한다)에 가입하여야 한다.

교통사고 과실 비율을 가늠해 보는 법

우리나라에는 자동차사고 과실비율 분쟁심의위원회에서 운영하는 과실비율정보포털사이트[14]가 있습니다. 다양한 사고 상황들을 설정하여 과실 비율이 평균적으로 어느 정도일지 예측해 볼 수 있지요. 이 사이트에서 나오는 과실 비율이 정답은 아니지만 자신의 상황을 대입해 가늠해 볼 수 있습니다. 그러므로 보험 회사에서 비율 조정 처리를 하는 동안 이 사이트를 통해 대략적인 정보를 얻는 것이 좋습니다. 이런 정보를 바탕으로 보험사에 이의를 제기하거나 의견을 나누면 좀 더 신속하게 사고 처리를 할 수 있을 것입니다.

---

1 갑자기 튀어나온 차가 도리어 피해자라고 우긴다면 어떻게 해야 할까요?

아무리 도로 상황이 복잡하고 뒤로 줄지어 늘어선 차량들이 짜증스런 경적을 울린다고 하더라도 찍어야 할 사진은 반드시 찍고, 보험사에도 연락을 취하세요. 다른 차량들의 운행을 방해하지 않는 것도 물론 중요하지만 이 과제들을 완수하지 않은 채 차량을 옮겼다가는 추후 과실 비율에 대한 분쟁이 생겼을 때 불이익을 받을 수 있기 때문입니다.

2
식당에서 신발이 없어지면
누구에게 보상받아야 할까요?

남주 씨는 오랜만에 만난 친구들과 함께 유명 음식점을 찾았습니다. 맛있는 요리에 반주를 곁들이며 즐거운 시간을 보냈지요. 남주 씨와 친구들은 든든하게 배도 채웠으니 볼링이라도 치러 가자며 들떠 있었습니다. 그런데 남주 씨는 아무리 식당 신발장을 뒤져도 자신의 신발이 보이지 않았습니다. 남주 씨는 피가 거꾸로 솟는 것 같았습니다. 그 신발은 몇 개월간 용돈을 모아 큰맘 먹고 '지른' 명품 스니커즈였거든요.

남주 씨는 음식점 사장에게 신발을 찾게 도와 달라고 요청했습니다. 하지만 사장은 신발장에 붙은 문구를 가리켰습니다. "신발 분실 시 저희 업소는 책임지지 않습니다." 남주 씨는 기가 막혔지만 일단 CCTV라도 확인해 달라고 부탁했습니다. 사장은 CCTV가 고장이 나서 확인해 줄 수 없다고 대답했습니다. 남주 씨는 분통이 터졌지만 사장에게 뭐라고 항의도, 하소연도 할 수 없었습니다.

결국 비싼 신발을 잃어버린 채 싸구려 슬리퍼를 빌려 신고서 집으로 돌아갈 수밖에 없었습니다. 남주 씨는 이대로 분실한 신발을 포기해야 할까요? 미리 챙기지 않은 자신을 자책하는 수밖에 없을까요?

일단 중요한 물건은 잘 챙기자

누가 봐도 값비싸 보이는 새 신발을 신었다면 분실되지 않도록 미리 잘 챙겨야 합니다. 신발을 벗고 들어가야 하는 음식점을 피하거나 신발을 챙겨서 가지고 들어가야 했죠. 그랬다면 분실을 당하는 문제도 발생하지 않았을 겁니다.

하지만 남주 씨의 경우에는 음식점 사장의 책임이 아예 없다고 볼 수 없습니다. 음식점 구조상 손님들이 신발을 벗어야 한다면 신발장 관리를 철저하게 해야 하는데 그러지 못했으니까요. 또한 고장 난 CCTV를 방치한 것도 잘못입니다. 이러면 경찰에 신고를 하더라도 실수로 신발을 바꿔 신고 간 사람, 혹은 의도적으로 훔쳐간 사람을 찾기 힘듭니다.

책임을 지지 않겠다는 문구는
법적 효력이 없다

여기서 한 가지 문제가 있습니다. 바로 신발장에 적힌, 신발 분실에 대해 음식점은 책임을 지지 않겠다는 문구죠.

먼저 관련 규정을 살펴보겠습니다. 상법 제152조에서는 공중 접객업자에 대한 책임을 규정하고 있습니다. 음식점 사장은 여러 사람들이 드나드는 음식점에서 장사를 하고 있기 때문에 공중 접객업자인 셈입니다.

상법 제152조(공중접객업자의 책임)

① 공중접객업자는 자기 또는 그 사용인이 고객으로부터 임치(任置)받은 물건의 보관에 관하여 주의를 게을리하지 아니하였음을 증명하지 아니하면 그 물건의 멸실 또는 훼손으로 인한 손해를 배상할 책임이 있다.

② 공중접객업자는 고객으로부터 임치받지 아니한 경우에도 그 시설 내에 휴대한 물건이 자기 또는 그 사용인의 과실로 인하여 멸실 또는 훼손되었을 때에는 그 손해를 배상할 책임이 있다.

③ 고객의 휴대물에 대하여 책임이 없음을 알린 경우에도 공중접객업자는 제1항과 제2항의 책임을 면하지 못한다.

제1항을 해석하면 이렇습니다. 남주 씨의 경우 음식점의 구조가 신발을 벗고 들어가야 하는 구조이기에 그에 따라 신발을 신발장에 두었는데 신발이 사라졌습니다. 이런 경우 음식점 주인이 신발 보관을 위해 주의를 기울였다는 것을 증명하지 못하면 손해 배상해야 한다는 내용입니다.

음식점 중에는 신발장이 따로 없어서 현관에 신발을 아무렇게나 벗어 두어야 하는 곳도 있는데요. 이런 경우 내 신발을 식당 주인에게 맡긴 것인지 판단하기 애매할 수 있습니다. 제2항에 따르면 이런 경우에도 식당 주인이 책임을 져야 한다고 명시되어 있습니다. 결국 식당 주인이 "내가 신발 맡아 준다고 한 적이 없다. 누가 벗고 들어가라고 했나?"라며 우겨도 배상 책임으로부터 자유로울 수 없는 것입니다.

아마도 이런 이유 때문에 음식점 사장들이 "분실 시 책임 지지 않겠다"는 문구를 써 붙이기 시작한 것 같습니다. 하지만 제3항을 보면 고객의 휴대물에 대하여 책임이 없다고 알렸더라도 책임을 면하지 못한다고 명시되어 있습니다. 우리 법이 굉장히 디테일하게 책임을 묻고 있는 거지요. 이를 통해 책임을 지지 않겠다는 문구나 안내는 법적 효력이 없다는 것을 알 수 있습니다. 그럼에도 불구하고 사장들이 계속 문구를 적어 두는 이유는 이러한 법의 내용을 잘 모르기 때문일 것입니다.

업주 입장에서도 억울한 건 사실이다

음식점 사장의 입장에서 생각해 봅시다. 남주 씨가 분실한 명품 스니커즈의 가격은 무려 80만 원입니다. 물론 사장은 이 사실을 모르고 있었죠. 남주 씨가 미리 알려 준 것도 아니고요. 그런데 분실 책임이 있다면서 사장에게 전액 배상하라고 하면 너무 가혹하고 억울할 수밖에 없습니다. 그래서 필요한 게 상법 제153조입니다. 남주 씨가 자신의 신발이 고가임을 사장에게 미리 알리지 않았다면 사장에게 모든 책임을 물을 수 없다는 것이 이 규정의 내용입니다. 그러므로 자신의 신발이 고가인 경우 이 사실을 반드시 주인에게 알리도록 합시다.

> **상법 제153조(고가물에 대한 책임)**
> 화폐, 유가증권, 그 밖의 고가물(高價物)에 대하여는 고객이 그 종류와 가액(價額)을 명시하여 임치하지 아니하면 공중접객업자는 그 물건의 멸실 또는 훼손으로 인한 손해를 배상할 책임이 없다.

얼마나 보상받을 수 있을까?

상법에는 사장이 얼마를 배상해야 할지 정확한 금액이나 비율이 정해져 있지 않습니다. 그래서 사장이 신발 관리에 얼마만큼의 노력을 기울였는지 살펴봐야 합니다. 만약 신발을 주머니나 비닐봉지에 담아 가지고 들어가라거나 신발

함에 꼭 보관하라고 안내했음에도 불구하고 손님이 안내를 무시한 채 아무렇게나 벗어 두었다가 분실되었다면 업주의 책임이 줄거나 없어질 수 있습니다. 이런 상황과 제품 가격 및 구입 시기 등을 고려하여 사장이 물어 줘야 할 금액이 결정됩니다.

남주 씨의 경우 자신의 신발이 고가라는 사실을 사장에게 미리 알리지 않았기 때문에 신발 가격에 비해 아주 적은 부분만 사장에게 책임을 물을 수 있습니다. 여기에 덧붙여 상법 제154조에 따르면 식당을 나선 뒤 6개월이 지나면 손해 배상을 청구할 수 없기 때문에 책임을 물을 거라면 서둘러야 합니다.

상법 제154조(공중접객업자의 책임의 시효)

① 제152조와 제153조의 책임은 공중접객업자가 임치물을 반환하거나 고객이 휴대물을 가져간 후 6개월이 지나면 소멸시효가 완성된다.

② 물건이 전부 멸실된 경우에는 제1항의 기간은 고객이 그 시설에서 퇴거한 날부터 기산한다.

③ 제1항과 제2항은 공중접객업자나 그 사용인이 악의인 경우에는 적용하지 아니한다.

한국소비자원 피해 구제 신청

자, 이제 여러분도 음식점 입구에 "신발 분실 시 책임 못 집니다"라는 문구가 붙어 있어도 사장에게 책임을 물을 수 있다는 것을 알게 되었습니다. 하지만 현실적으로 사장에게 물어내라고 요구하면 "그게 무슨 소리냐? 이 문구를 못 본거냐?"라는 소리만 들을 가능성이 높습니다. 사실 사장 입장에서도 직접 도둑을 들인 것이 아니기 때문에 억울할 수 있습니다.

하지만 손님 입장에서는 사장이 운영하는 식당을 믿고 들어간 것이기 때문에 사장에게 책임을 묻는 것이 당연합니다. 또한 우리의 법은 소비자를 적극적으로 보호하려는 태도를 취하고 있습니다. 그러므로 사장이 절대 못 물어 준다고 버틴다면 민사 소송을 진행하거나 한국소비자원에 피해 구제를 신청하는 것을 추천합니다. 한국소비자원의 도움을 받는 경우 법원의 판결처럼 강제력이 있는 건 아니지만 민사 소송보다 시간과 비용이 적게 소요된다는 점에서 나름의 장점이 있습니다.

여러분의 지인 중 신발을 벗고 들어가는 구조의 음식점을 운영하는 사람이 있다면 "신발 분실 시 책임 없습니다"라는 문구를 붙이기보다는 개인용 신발주머니를 비치하거나 자물쇠용 신발 보관함을 설치하라고 조언하세요. 추후 불상사가 벌어졌을 때 훨씬 도움이 되는 방법입니다. 경우에 따라서는 책임을 아예 지지 않아도 되니까요.

3

여행사가 바꾼 일정 중에
다쳤다면 책임은 누구에게 있나요?

남주 씨는 아내 희진 씨와 함께 여름휴가를 즐기기 위해 팔라우로 떠났습니다. 그런데 막상 팔라우에 도착하니 여유롭다고 생각했던 일정이 많이 변경되어 있었습니다. 그중에서도 특히 스킨 스쿠버 다이빙 일정이 걱정이었습니다. 고객과 한마디 상의 없이 일정이 변경되었고 전에 없던 스킨 스쿠버 다이빙 체험도 생긴 것입니다.

남주 씨는 여행사 측에 항의해 보았지만 여행사 직원은 같은 가격으로 스킨 스쿠버 다이빙 체험을 할 수 있으니 오히려 이득이라고 설명했습니다. 참여 인원은 총 20명이었지만 인솔자는 단 1명뿐이었습니다. 예정에 없던 체험을 진행하려니 여행사 측에서도 준비가 덜된 것 같았습니다. 남주 씨는 다른 사람들과 마찬가지로 5분간의 짧은 설명만 듣고 다이빙을 했습니다. 하지만 처음 해 보는 체험에 많이 당황한 상태로 인솔자의 도움을 제때 받지 못해 크게 다치고 말았습니다. 남주 씨는 여행사 측에 여러 번 항의했지만 남주 씨 본인의 과실이므로 자신들에게는 책임이 없다는 대답만 들을 뿐이었습니다. 정말 여행사는 책임이 없는 걸까요?

고의와 과실 여부가 중요하다

여행 상품을 구매하는 소비자는 여행사에서 마련한 약관에 따라 계약하게 됩니다. 이 약관의 내용은 여행사마다 조금씩 차이가 있게 마련이지만, 손해 배상에 대한 내용은 대부분 여행업자의 고의와 과실로 인해 여행자가 손해를 입거나 다친 경우 손해 배상의 책임을 진다고 되어 있습니다. 남주 씨의 사례에서 여행사가 '남주 씨 본인의 잘못'임을 강조했던 것은 자신들에게 고의와 과실이 없다는 것을 주장하기 위함입니다. 여행지에서 다쳤다고 해서 무조건 여행사 측에 손해 배상을 주장할 수는 없습니다. 손해 배상을 받는 데 있어 여행사의 고의와 과실 여부가 굉장히 중요합니다.

모든 상황을 동일하게 판단할 수는 없지만 법원에서는 여행사 가이드가 안전 교육을 잘했는지, 여행자들과 함께 동행했는지 여부에 따라 여행사의 고의 및 과실을 인정하고 있습니다. 일반적으로 경험이 없는 초보자가 안전하게 스킨 스쿠버 다이빙을 하려면 충분한 설명을 듣고 충분한 수의 전문가가 인솔해 주어야 합니다.

하지만 남주 씨는 고작 5분간 안전 교육을 받았을 뿐입니다. 게다가 인솔자도 한 명뿐이었죠. 그러므로 남주 씨는 여행사로부터 손해 배상을 받을 수 있을 것으로 보입니다. 다만 이때 남주 씨가 인솔자의 지시 사항을 제대로 이행하지 않았다면 남주 씨의 잘못도 인정되어 여행사의 손해 배상 책임은 제한될 수 있습니다.

스킨 스쿠버 다이빙처럼 레저뿐 아니라 그저 길거리를 걷다가 강도를 만나 상해를 입은 경우에도 여행사에 책임을 물을 수 있습니다. 해당 지역이 우범 지대임을 여행사가 사전에 알려 주지 않았다면 말이죠. 그러므로 여행사의 일정과 안내에 잘 따랐는데도 불구하고 사고를 당했다면 모든 부담을 혼자서 지려고 하지 말고, 여행사의 고의나 과실이 있다고 판단되면 당당하게 손해 배상을 청구하시기 바랍니다.

여행자의 동의 없이 일정을 변경할 수 없다

앞 사례에서는 여행사가 현지에서 갑자기 일정을 바꿨는데요. 관광진흥법에 따르면 여행업자가 여행 일정을 변경하려면 일정 시작 전에 여행자에게 서면 동의를 받아야만 합니다. 이 서면 동의서에는 변경 일시와 내용, 발생 비용, 여행자의 자필 동의 서명이 포함되어야 합니다. 이처럼 일정을 변경할 때 구두가 아닌 서면 동의가 필요한 이유는 여행사의 일정을 믿고 계약한 여행자를 보호하기 위해서입니다.

관광진흥법 제14조(여행계약 등)

① 여행업자는 여행자와 계약을 체결할 때에는 여행자를 보호하기 위하여 문화체육관광부령으로 정하는 바에 따라 해당 여행지에 대한 안전정보를 서면으로 제공하여야 한다. 해당 여행지에 대한 안전정보가 변경된 경우에도 또한 같다.

② 여행업자는 여행자와 여행계약을 체결하였을 때에는 그 서비스에 관한 내용을 적은 여행계약서(여행일정표 및 약관을 포함한다. 이하 같다) 및 보험 가입 등을 증명할 수 있는 서류를 여행자에게 내주어야 한다.

③ 여행업자는 여행일정(선택관광 일정을 포함한다)을 변경하려면 문화체육관광부령으로 정하는 바에 따라 여행자의 사전 동의를 받아야 한다.

관광진흥법 시행규칙 제22조의4

② 법 제14조 제3항에 따라 여행업자는 여행계약서(여행일정표 및 약관을 포함한다)에 명시된 숙식, 항공 등 여행일정(선택관광 일정을 포함한다)을 변경하는 경우 해당 날짜의 일정을 시작하기 전에 여행자로부터 서면으로 동의를 받아야 한다.

③ 제2항에 따른 서면동의서에는 변경일시, 변경내용, 변경으로 발생하는 비용 및 여행자 또는 단체의 대표자가 일정변경에 동의한다는 의사를 표시하는 자필서명이 포함되어야 한다.

결국 남주 씨는 여행 중 발생한 사고에 대한 손해 배상 청구뿐 아니라 여행사가 고객의 동의 없이 마음대로 일정을 바꾼 것에 대한 책임도 물을 수 있습니다. 여행사와 직접 소통하여 문제가 해결된다면 좋겠지만 그렇지 못하면 한국소비자원에 분쟁 조정 절차를 신청하기 바랍니다.

개인 변심으로 여행을 취소하면 환불을 받을 수 있을까요?

한 가지 더! 만약 개인 변심으로 여행을 취소하면 환불을 받을 수 있을까요? 공정거래위원회(공정위)[15]에서는 여행 상품 환불 수수료에 관한 기준을 마련해 두고 있습니다. 공정위의 소비자 분쟁 해결 기준에 따르면 국외 여행의 경우 소비자가 출발 30일 이전에 취소하면 전액 환불받을 수 있습니다. 그 이후에 취소하면 남은 일자가 줄어들수록 환불 수수료가 늘어나서 그만큼을 제외한 나머지 금액을 환불받게 됩니다.

공정위 소비자분쟁해결기준 31. 여행업 국외여행(1-2)

여행자의 여행계약 해제 요청이 있는 경우

여행개시 30일전까지 통보 시: 계약금 환급

여행개시 20일전까지 통보 시: 여행요금의 10% 배상

여행개시 10일전까지 통보 시: 여행요금의 15% 배상

여행개시 8일전까지 통보 시: 여행요금의 20% 배상

여행개시 1일전까지 통보 시: 여행요금의 30% 배상

여행 당일 통보 시: 여행요금의 50% 배상

여행사의 자체 특약이 이 분쟁 해결 기준보다 여행자에게 더 유리하다면 그 기준대로 환불을 받을 수 있습니다. 하지만 반대로 여행사의 자체 특약이 분쟁 해결 기준보다 여행자에게 불리하다면 여행사는 소비자에게 사전에 설명하고 동의를 구해야 합니다. 그러지 않았다면 소비자가 환불을 요청할 때 공정위 분쟁 해결 기준대로 환불해 달라고 요청할 수 있습니다. 여행사와 계약을 맺을 때 계약금 환급에 대한 약관을 잘 살펴보기 바랍니다. 그리고 여행자에게 불리하다면 계약을 다시 한 번 생각하기 바랍니다. 여행 전에 어떤 일이 생길지는 아무도 모르니까요.

여행사에 의한 여행자의 피해는 그 여행사의 규모와 상관없이 많이 발생하고 있습니다. 그러므로 우리나라에서 손꼽히는 큰 여행사라도 무조건 믿지 말고 피해를 당했다면 위의 내용대로 적극적으로 대응하기 바랍니다.

4
카지노의 도시, 미국 라스베이거스에서 즐기는 도박도 불법인가요?

결혼을 앞둔 남주 씨와 희진 씨는 특별한 웨딩 촬영을 하고 싶었습니다. 그래서 떠난 곳이 바로 미국의 그랜드 캐니언. 둘은 그곳에서 환상적인 경관과 신랑 신부의 아리따운 모습을 카메라에 담을 수 있었습니다. 그렇게 흡족한 촬영을 마친 예비 부부는 라스베이거스로 향했습니다. 그곳의 멋진 건물을 배경으로 사진도 몇 컷 찍고, 간 김에 카지노도 즐기고 싶었거든요.

그런데 초심자의 행운이 따랐던 걸까요? 남주 씨는 한화 10만 원의 자금으로 룰렛 게임을 시작해 100만 원을 땄습니다. 웨딩 촬영도 성공적이고 의외의 돈까지 딴 남주 씨는 마냥 신나고 기뻤습니다. 그러다가 문득 궁금해졌습니다. 한국에서는 도박이 불법인데 그럼 자신은 불법을 저지른 걸까요? 이대로 한국으로 돌아가면 처벌을 받아야 할까요?

일시적인 오락으로서의 도박은 무죄

> **형법 제246조(도박, 상습도박)**
> ① 도박을 한 사람은 1천만 원 이하의 벌금에 처한다. 다만, 일시오락 정도에 불과한 경우에는 예외로 한다.
> ② 상습으로 제1항의 죄를 범한 사람은 3년 이하의 징역 또는 2천만 원 이하의 벌금에 처한다.

위의 제1항에서 알 수 있는 것처럼 도박을 한 사람의 죄가 인정되려면 그 도박 행위가 일시적인 오락 수준인지가 관건입니다. 그리고 제2항에서 볼 수 있듯이 상습 도박이 인정되면 형벌은 중해집니다. 처벌 가부의 기준이 도박 자금이나 딴 돈의 액수로 정해지는 게 아니기 때문에 도박 행위가 상습적인지 일시적인 오락에 그치는 건지 여부가 중요합니다. 또한 조문에는 상습적인 것과 일시적인 것을 구분하는 기준이 추상적으로 명시되어 있기 때문에 사례별로 확인해야 합니다.

일단 남주 씨의 경우 도박이 아니라 웨딩 촬영을 목적으로 라스베이거스에 간 것이며 그러다가 잠깐 카지노에서 게임을 즐긴 것이기 때문에 상습 도박 규정인 제2항은 적용되지 않습니다.

그렇다면 남주 씨에게 적용이 가능한 조항은 제1항뿐입니다. 남주 씨의 도박 행위가 일시적 오락인지 아닌지 그 여부가 중요합니다. 사실 '일시적 오락'이라는 말은 매우 추상적입니다. 게다가 '일시적'이란 표현 때문에 시간의 개념만 떠올리기 쉽습니다. 하지만 판례를 살펴보면 도박의 시간과 장소, 도박자의 사회적 지위 및 재산 정도 등 도박 행위에 이르게 된 경위와 모든 사정을 참조하여 판단하고 있습니다. 그러므로 이 기준으로 남주 씨의 행위를 판단해 보겠습니다.

일단 남주 씨는 카지노에서 10만 원을 썼는데 전체 여행 경비에 비하면 매우 적은 액수입니다. 카지노에 체류한 시간도 전체 일정 중 극히 일부에 지나지 않지요. 그러므로 제1항을 적용할 수 없습니다. 물론 대박의 꿈을 안은 채 모든 재산을 가지고 미국으로 건너가 체류 기간 내내 카지노에 처박혀 도박에 매진했다면 처벌을 받을 수도 있겠습니다. 하지만 남주 씨는 해당하지 않지요.

그럼 남주 씨가 슬롯머신 게임을 하다가 잭팟이 터져서 수익을 벌게 됐다면 어떨까요? 이 또한 일시적 오락을 하다가 행운이 따른 것이므로 국내 세관에 제대로 신고하고 세

금만 납부한다면 다른 법적 문제는 없습니다.

어떤 도박이 처벌받는가?

남주 씨의 사례는 저의 이야기를 가공한 것이지만 여러분이 이해하고 판단하기 쉽도록 실제 판결이 나온 사건들을 소개하겠습니다.

첫째, 점당 100원짜리 '섯다'를 친 할아버지 몇 분이 누군가의 신고로 재판에 넘겨졌습니다. 오후 4시부터 약 30분간 진행된 노름의 판돈은 총 3만 원가량이었습니다. 이 사건은 결국 무죄 판결을 받았는데요. 법원은 이 노름판이 지인들끼리 한 일시적 오락이라고 보았습니다.

둘째, 오후 5시부터 새벽 2시 반까지 점당 200원짜리 고스톱을 친 성인 5명이 유죄 판결을 받아 각각 벌금 50만 원의 벌금형에 처해졌습니다. 법원은 이 고스톱의 판돈이 그리 크지 않지만 5명이 서로 친한 사이도 아닌데 새벽 2시가 넘도록 이어졌다는 것은 단순한 오락이 아니라 돈을 따기 위한 순수 도박의 목적이 있다고 보았습니다.

셋째, 새벽 4시부터 약 2시간 동안 카드 게임 '훌라'를 한 사람들이 각각 50만 원의 벌금형을 받았습니다. 이들의 판돈은 총 52만 원가량이었습니다만 법원은 이들의 사회적 지위로 미루어 볼 때 50만 원이 이들에게 큰돈이라고 판단했습니다. 또한 판결 과정에서 이들이 서로 잘 아는 지인 사이지만 이 도박판이 단순히 친목을 다지기 위한 목적만은 아니었다는 진술이 나왔습니다.

이 예시들을 보면 대충 감이 잡힐 겁니다. 만약 여러분이 대낮에 매우 친한 친구들과 1시간 내외로 평균 소득에 비해 아주 적은 금액을 판돈으로 걸고 친목을 도모하기 위해 노름을 한다면 이는 일시적 오락으로 인정되어 처벌받지 않을 것입니다. 한 달 소득이 200~300만 원인 사람이라면 판돈은 몇 만 원 정도만 걸어야 한다는 의미입니다.

원포인트
법알못×
가이드× -

도박을 처벌해야 하는 이유는 국민의 근로 의욕을 떨어뜨리는 일부 사람들 때문입니다. 그러므로 라스베이거스에 놀러 가서 오락 목적으로 한두 번 카지노를 즐기는 정도는 걱정하지 않아도 됩니다.

모욕죄 고소장 작성 방법

남주 씨는 네이버 농구 카페에서 활발하게 활동하는 열혈 멤버입니다. 그러던 어느 날 카페 게시판에 농구공 정보에 대한 글을 올렸는데 이런 댓글이 달렸습니다.

"농구에 대해서 잘 알지도 못하는 놈이 뭘 안다고 이런 글을 올려? 너 같은 새끼가 이딴 글을 써 넣고 전문가인 척하는 꼴이 역겹다. 꺼져!"

남주 씨는 댓글 작성자에게 욕설을 자제해 달라고 부탁했습니다. 하지만 그는 한 달이 넘도록 남주 씨의 게시물마다 댓글을 달았고 그 내용은 점점 더 모욕적으로 변해 갔습니다. 결국 남주 씨는 큰 충격을 받고 신경정신과 치료까지 받았습니다. 익명 뒤에 숨어서 자신에게 심한 고통을 안겨 준 사람을 용서할 수 없다고 생각한 남주 씨는 그 악플러를 고소하기로 결심했습니다.

그런데…… 고소장은 어떻게 쓰는 걸까요?

고 소 장 ⸺ ❶ 제목

> 고소장은 특별한 제목 없이 '고소장' 이라고 적으면 됩니다.

1. 고소인 ⸺ ❷ 고소인 정보

성명 박남주
주민등록번호 XXXXXX-XXX
주소 서울시 서초구 잠원동 OO
전화 010-XXXX-XXXX

> 본인의 이름과 인적 사항을 최대한 자세하게 적어 주세요.

2. 피고소인 ⸺ ❸ 피고소인 정보

사이트 이름(www.naver.c

> 피고소인의 자세한 정보를 모를 때에는 "어디 소속의 누구" "어느 사이트의 무슨 아이디" 정도만 적어도 됩니다. 다른 정보는 경찰에서 확인할 겁니다.

3. 고소취지

고소인은 피고소인들을 ⸺

4. 범죄 사실 ⸺ ❹ 범죄 사실

○ 고소인은 2019. 2. 11. 02:11경 인터넷 NAVER 카페 농구 ⸺
한 게시물을 올렸습니다. (게시물 주소 링크)

○ 하지만 고소인은 자신의 게시글에 수많은 악성 댓글을 ⸺

> 육하원칙에 따라 피고소인의 범죄 사실을 적습니다. 과장하거나 거짓을 보태면 오히려 불리해질 수 있어요!

○ 고소인에 대한 악성 댓글을 살펴보면 닉네임 농구신(⸺
10:03에 기재한 '농구에 대해서 잘 알지도 못하는 놈이 ⸺
은 새끼가 이딴 글 써놓고 전문가인 척하는 걸 보니까 ⸺

○ 이와 같은 악성 댓글을 보고 난 후, 고소인은 심각한 모욕감과 충격을 받았으며, 이로 인하여 고소인은 우울증, 자기비하, 대인기피 등 수많은 스트레스성 질환이 발생하였으며, 현재에도 고통을 받고 있습니다.

○ 이에 고소인은 고소인의 NAVER 카페 농구 게시판 게시글에 악성 댓글을 달았던 닉네임 농구신(아이디 abcdabcd9829)을 모욕 혐의로 고소하게 된 것입니다.

5. 결론 ⸺ ❺ 결론

위와 같이 고소인은 피고소인의 모욕으로 인하여 심각한 정신적 충격을 받고 있는 상황입니다. 이와 같은 사정을 참작하시어, ⸺ 여 주시고,
피고소인들이 고소인에 행한 각종 ⸺ 하면 피고소
인들을 엄벌에 처해 주시기 바랍니 ⸺

> '결론' 대신 '고소 이유'라고 적기도 합니다. 고소인이 당한 피해와 고소를 통해 해결하고 싶은 내용을 자세히 적어 주세요.

6. 증거 자료 ············ **⑥ 증거 자료**
☐ 고소인은 고소인의 진___
☐ 고소인은 고소인의 진___ 증거 자료의 유무를 밝히고, 제출할 자료가 있다면
☞ 증거 자료의 세부내역___ 따로 첨부하면 됩니다.

7. 관련 사건의 수사 및 재판 여부 ··············· **⑦ 관련 사건의 수사 및 재판 여부**
① 중복 고소 여부
　본 고소장과 같은 내용의 고소장을 다른 검찰___ 해당 사안에 대해 고소, 수사, 민사 소송이 이미
　사실이 있습니다 ☐ / 없습니다 ☐ 진행되고 있는지 여부를 체크합니다. 굳이 필요
② 관련 형사 사건 수사 유무 치 않지만 체크하면 훨씬 좋습니다.
　본 고소장에 기재된 범죄 사실과 관련된 사건___
　서 수사 중에 있습니다 ☐ / 수사 중에 있지 않습니다 ☐
③ 관련 민사 소송 유무
　본 고소장에 기재된 범죄 사실과 관련된 사건에 대하여 법원에서 민사 소송 중에 있습니
　다 ☐ / 민사 소송 중에 있지 않습니다 ☐

본 고소장에 기재한 내용은 고소인이 알고 있는 지식과 경험을 바탕으로 모두 사실대로 작
성하였으며, 만일 허위사실을 고소하였을 때에는 형법 제156조 무고죄로 처벌받을 것임을
서약합니다. ····························· **⑧ 서약**

고소장에 사실만을 기재했으며 그렇
지 않으면 처벌을 받겠다는 서약을 하
<첨부서류> 는 란으로 문구는 예시대로 적으면 됩
1. 증거 자료 1통 니다.

2019. 3. 13. ········· **⑨ 제출일과 고소인**
위 고소인 박남주

제출하는 날짜와 고소인의 이름을
적습니다.

⑩ 제출 기관 ··············· 서울중앙지방검찰청 귀중

고소장은 경찰서뿐 아니라 검찰에
도 제출할 수 있습니다. 기관명을
적고 '귀중'을 붙여 주세요.

고소장은 위의 안내대로 작성하면 됩니다. 좀 더 구체적인 내용이 궁금하신 분들은
옆의 고소장 예시를 살펴보세요.

고소장 ❶

1. 고소인 ❷

성명 박남주

주민등록번호 XXXXXX-XXXXXXX

주소 서울시 서초구 잠원동 OO아파트 OO동 OO호

전화 010-XXXX-XXXX

2. 피고소인 ❸

사이트 이름(www.naver.com) 아이디 'abcdabcd9829'

3. 고소취지

고소인은 피고소인들을 모욕 혐의로 고소하오니 처벌하여
주시기 바랍니다.

4. 범죄 사실 ❹

○ 고소인은 2019. 2. 11. 02:11경 인터넷 NAVER 카페의

농구 게시판에 농구공 고르는 법에 대한 게시물을 올렸습니다. (게시물 주소 링크)

○ 하지만 고소인은 자신의 게시글에 수많은 악성 댓글을 보고 큰 충격을 받게 되었습니다.

○ 고소인에 대한 악성 댓글을 살펴보면 닉네임 농구신(아이디 abcdabcd9829)이 2019. 2. 11. 10:03에 기재한 '농구에 대해서 잘 알지도 못하는 놈이 뭘 안다고 이런 글을 올리냐? 너 같은 새끼가 이딴 글 써놓고 전문가인 척하는 걸 보니까 역겹다. 꺼져.' 등이 있습니다.

○ 이와 같은 악성 댓글을 보고 난 후, 고소인은 심각한 모욕감과 충격을 받았으며, 이로 인하여 고소인은 우울증, 자기비하, 대인기피 등 수많은 스트레스성 질환이 발생하였으며, 현재에도 고통을 받고 있습니다.

○ 이에 고소인은 고소인의 NAVER 카페 농구 게시판 게시글에 악성 댓글을 달았던 닉네임 농구신(아이디 abcdabcd9829)을 모욕 혐의로 고소하게 된 것입니다.

5. 결론 ❺

위와 같이 고소인은 피고소인의 모욕으로 인하여 심각한 정신적 충격을 받고 있는 상황입니다. 이와 같은 사정을 참작하시어, 피고소인의 아이디를 조사하여 신원을 확보하여 주시고, 피고소인들이 고소인에 행한 각종 행위를 엄밀히 조사하시어 범죄 행위가 드러나면 피고소인들을 엄벌에 처해 주시기 바랍니다.

6. 증거 자료 ❻

□ 고소인은 고소인의 진술 외에 제출할 증거가 없습니다.

□ 고소인은 고소인의 진술 외에 제출할 증거가 있습니다.

☞ 증거 자료의 세부 내역은 별지를 작성하여 첨부합니다.

7. 관련 사건의 수사 및 재판 여부 ❼

① 중복 고소 여부

본 고소장과 같은 내용의 고소장을 다른 검찰청 또는 경찰서에 제출하거나 제출하였던 사실이 있습니다 □ / 없습니다 □

② 관련 형사 사건 수사 유무

본 고소장에 기재된 범죄 사실과 관련된 사건 또는 공범에 대하여 검찰청이나 경찰서에서 수사 중에 있습니다 □ / 수사 중에 있지 않습니다 □

③ 관련 민사 소송 유무

본 고소장에 기재된 범죄 사실과 관련된 사건에 대하여 법원에서 민사 소송 중에 있습니다 □ / 민사 소송 중에 있지 않습니다 □

본 고소장에 기재한 내용은 고소인이 알고 있는 지식과 경험을 바탕으로 모두 사실대로 작성하였으며, 만일 허위사실을 고소하였을 때에는 형법 제156조 무고죄로 처벌받을 것임을 서약합니다. ❽

〈첨부서류〉
1. 증거 자료 1통

2019. 3. 13. ❾
위 고소인 박남주

서울중앙지방검찰청 귀중 ❿

대여금 변제 최고 내용 증명 작성 방법

남주 씨는 윤민 씨에게 급한 연락을 받았습니다. 교통사고가 났는데 지금 당장 현금이 전혀 없어서 합의가 어려운 상황이니 500만 원만 빌려 달라는 것이었습니다. 윤민 씨와 친형제나 다름없다고 생각했던 남주 씨는 곧바로 돈을 윤민 씨의 계좌로 이체했습니다. 그렇게 윤민 씨는 위기에서 벗어날 수 있었습니다. 남주 씨는 윤민 씨가 한두 달 뒤에 돈을 갚을 거라고 여겼습니다. 그런데 세 달이 지나도록 연락이 없었습니다. 남주 씨는 서운한 생각에 더 독한 마음을 먹었습니다. 그리고 윤민 씨에게 2주 안에 돈을 갚으라고 문자 메시지를 보냈지요. 그랬더니 윤민 씨의 대답이 가관이었습니다. "겨우 500만 원 가지고 이래라 저래라 하는 거냐? 기분 나쁘니까 앞으로 연락하지 마!"

남주 씨가 문제 해결을 위해 변호사 친구에게 어떻게 하는 것이 좋겠냐고 물었더니 내용 증명을 보내는 것이 좋다고 하네요. 그런데 법 없이 살아온 남주 씨에게 내용 증명은 너무 낯섭니다.

대여금 변제 최고 ········· ❶ 제목

> 내용 증명은 고소장과 달리 어떤 내용인지를 고려하여 제목을 붙여 줍니다.

발신인: 박남주 ······ ❷ **발신인**
주소: 경기도 안산시 단원구 광덕대로 187 201호
법률사무소 광덕
전화번호: 031-410-388

> 발신인의 이름, 주소, 전화번호 등 정보를 적습니다.

수신인: 김윤민 ····················· ❸ **수신인**
주소: 서울시 OO구 OOO로 OOO
전화번호: OOO-OOOO-OOOO

> 마찬가지로 수신인의 이름, 주소, 전화번호 등 정보를 적습니다.

·····················❹ **내용**

1. 본인은 2019. 8. 27. 김윤민이 교통사고로 인해 큰돈이 필요하다고 하여 500만 원을 김윤민의 하나은행 계좌 OO

> 특별한 양식은 없습니다. 육하원칙에 따라 이해하기 쉽게 작성하면 됩니다.
> 금액이나 계좌 정보 같은 자세한 정보가 더해지면 더욱 좋습니다.

2. 친형제 같은 사이에서   2019. 9. 30. 오
   후 1시 경에 스마트폰   없이 2019. 10.
   14. 오후 1시까지 갚으로

3. 그런데 김윤민은 연락을 끊자는 답장을 하였고 2019. 10. 31. 현재까지도 빌려간 돈 500만 원을 갚고 있지 않아서 2019. 12. 31. 까지 빌려간 돈 500만 원 전부를 갚지 않는다면 원금 반환 청구는 물론 정신적 피해 등의 손해 배상을 청구코자 하니 이 점 양지하여 주시기 바랍니다.

1. 납입 기간 : 2019. 12. 31.   (우체국 000000-00-000000 박남주)
2. 원금 : 5,000,000원

※ 윤민아 이러지 마 ················❺ **수신인에게 한마디**

> 수신인에게 하고 싶은 말을 더해도 됩니다.
> 단 필수는 아닙니다.

❻ **발신일과 발신자** ··············· 2019. 10. 31.
                                    박남주

> 발신 일자와 발신자의 성명을 적습니다.

내용 증명은 온·오프라인 우체국을 통해 보내야 합니다. 그래야 기록이 남기 때문입니다. 우체국을 직접 방문하여 부치거나, 온라인 우체국 사이트에서 파일 형태로 전송할 수 있습니다. 내용 증명의 예시가 필요하다면 다음 페이지에서 확인하세요.

대여금 변제 최고 ❶

발신인: 박남주 ❷

주소: 경기도 안산시 단원구 광덕대로 187 311호

법률사무소 광덕

전화번호: 031-410-3883

수신인: 김윤민 ❸

주소: 서울시 ○○구 ○○○로 ○○○

전화번호: ○○○-○○○○-○○○○

❹

1. 본인은 2019. 8. 27. 김윤민이 교통사고로 인해 급한 돈이 필요하다고 하여 500만 원을 김윤민의 하나은행 계좌 ○○○-○○○○○○-○○○○○로 송금하였습니다.

2. 친형제 같은 사이여서 믿고 빌려주고 먼저 갚기를 바랐으나 연락이 없어서 2019. 9. 30. 오후 1시경에 스마트폰

문자 메시지를 이용하여 김윤민에게 500만 원을 이자 없이 2019. 10. 14. 오후 1시까지 갚으라고 요청하였습니다.

3. 그런데 김윤민은 연락을 끊자는 답장을 하였고 2019. 10. 31. 현재까지도 빌려간 돈 500만 원을 갚고 있지 않아서 2019. 12. 31. 까지 빌려간 돈 500만 원 전부를 갚지 않는다면 원금 반환 청구는 물론 정신적 피해 등의 손해 배상을 청구코자 하니 이 점 양지하여 주시기 바랍니다.

1. 납입 기간 : 2019. 12. 31.

          (우체국 000000-00-000000 박남주)

2. 원금 : 5,000,000원

※ 윤민아 이러지 마 ❺

2019. 10. 31. ❻

박남주

법알못이 알아 두면 좋을
기관 및 사이트 모음

1 저작권 침해 문제는 이곳에서 상담하세요.
한국저작권위원회
www.copyright.or.kr
1800-5455

2 온라인으로 등기부 등본을 열람할 수 있어요.
대법원 인터넷 등기소
www.iros.go.kr

3 온라인으로 건축물 대장을 열람할 수 있어요.
정부24
www.gov.kr
1588-2188

4 층간 소음 이웃사이 서비스를 이용해 보세요.
국가소음정보시스템
www.noiseinfo.or.kr
1661-2642

5 층간 소음뿐 아니라 다양한 환경 문제 자료를 살펴볼 수
있습니다.
한국환경공단
www.keco.or.kr
032-590-4000

6 층간 소음 분쟁 해결에 필요한 도움을 줍니다.

중앙 공동주택관리 분쟁조정위원회

namc.molit.go.kr

031-738-3300

7 층간 소음 피해 사실을 입증해야 할 때 도움을 받을 수 있어요.

중앙 환경분쟁조정위원회

ecc.me.go.kr

044-201-7999

8 소비자의 정당한 권리를 지켜주는 곳입니다.

한국소비자원

www.kca.go.kr

043-880-5500

9 전화번호로 사기 내역을 조회할 수 있습니다.

더치트

thecheat.co.kr

10 전화번호로 사기 내역을 조회할 수 있습니다.

경찰청 사이버안전국

cyberbureau.police.go.kr

11 근로자의 정당한 권리는 법적으로 보장되어 있습니다.

고용노동부

www.moel.go.kr

1350

12 온라인 유출 영상은 어떻게 삭제해야 할까요?

이곳에서 상담하세요.

방송통신심의위원회

www.kocsc.or.kr

1377

13 여성과 청소년들의 인권을 위해 여러 가지 활동을 펼칩니다.

한국여성인권진흥원

www.stop.or.kr

1366

14 교통사고 상황별 과실 비율을 가늠해 볼 수 있어요.

과실비율정보포털사이트

accident.knia.or.kr

15 여행 상품 환불에 관한 수수료 기준은 이곳에서 확인할 수 있습니다.

공정거래위원회

www.ftc.go.kr

1670-0007